DON BOSCO

Liebe Leserin, lieber Leser,

als Käufer dieses Buchs erhalten Sie im Internet kostenloses Zusatzmaterial zum Download. Halten Sie den unten abgedruckten Zugangscode bereit und gehen Sie auf **www.donbosco-medien.de.**

Klicken Sie dort auf „Meine Bonus-Seite" und geben Sie den Code ein.
Sie können nun gratis Ihr Zusatzmaterial herunterladen.

Mit freundlichen Grüßen
Ihr Don Bosco Verlag

LMDBWCWD

Pia Theresia Franke

Für einen guten Start in der Kita

Das Berufseinsteiger-Buch für Erzieherinnen

Mit kostenlosen Downloads

Don Bosco

Gerne nehmen wir Ihre Anregungen, Wünsche, Kritik oder Fragen entgegen:
Don Bosco Medien GmbH, Sieboldstraße 11, 81669 München
anregungen@donbosco-medien.de
Servicetelefon: (089) 48008-341

Bibliografische Information der Deutschen Nationalbibliothek
Die Deutsche Nationalbibliothek verzeichnet diese Publikation in der Deutschen Nationalbibliografie; detaillierte bibliografische Daten sind im Internet über http://dnb.d-nb.de abrufbar.

3. Auflage 2016 / ISBN 978-3-7698- 2163-5

www.donbosco-medien.de
Umschlaggestaltung, Layout und Grafiken: ReclameBüro München
Umschlagfoto: iStockphoto © izusek
Satz: Don Bosco Medien GmbH, München
Druck: Don Bosco Druck & Design, Ensdorf

Gedruckt auf umweltfreundlichem Papier

INHALT

VORWORT

Ihre Ausbildung liegt erfolgreich hinter Ihnen und Sie stehen vor Ihrem persönlichen beruflichen Start. Dieses Buch möchte Sie sowohl in der Vorbereitung auf die neue berufliche Situation als auch in der ersten immer auch aufregenden Zeit des beruflichen Einstiegs begleiten.
Ein Buch zur Einarbeitung – braucht es das überhaupt, gerade heute in Zeiten des Fachkräftemangels? So fragen Sie sich vielleicht als Absolventin der neuen Erzieherinnengeneration. (Aus Gründen der besseren Lesbarkeit verwende ich im Buch die weibliche Form, männliche Leser mögen sich bitte gleichermaßen angesprochen fühlen). Doch unabhängig von der Situation auf dem Arbeitsmarkt kommt der Einarbeitung eine Schlüsselrolle zu. Viel zu lange wurde dieser wichtigen Phase in der Berufslaufbahn zu wenig Aufmerksamkeit geschenkt. Die Erwartungen an Sie als fachlich ausgebildetes Personal sind in den vergangenen Jahren stark gestiegen. Doch dazu kommt aktuell der Mangel an Fachkräften im Feld der frühkindlichen Bildung, Erziehung und Betreuung wie auch auf den anderen Gebieten der sozialen Arbeit, denn der Ausbau an Betreuungsplätzen für Kinder in den ersten Lebensjahren wurde in den letzten Jahren enorm vorangetrieben. Es verwundert, dass bei der Kindertagesbetreuung im Gegensatz zu anderen Bereichen der sozialen Arbeit, wie beispielsweise der Pflege, Einarbeitungskonzepte als wichtiges Mittel der Mitarbeiterbindung und Personalentwicklung bislang noch nicht in dem erforderlichen Maße akzeptiert und umgesetzt werden. Zumal auch jüngere sogenannte Verbleib-Studien darauf verweisen, dass zahlreiche Fachkräfte die Einrichtungen der Frühpädagogik bereits nach wenigen Jahren wieder verlassen und dem Arbeitsfeld unwiederbringlich verloren gehen. Sie als junge Fachkraft wollen sich engagieren und die Kinderta-

geseinrichtung mit Ihrem Wissen und Ihrer Kompetenz mitgestalten und voranbringen und daher am Beginn berechtigterweise genau wissen, wofür und mit wem Sie sich engagieren. Die Vorbereitung auf den Berufseinstieg und die Einarbeitungszeit ist daher enorm wichtig. Dieses Buch will die bestehende Lücke schließen. Es will Sie sowohl bei den beruflichen Vorüberlegungen wie auch in der ersten Phase Ihres Berufsweges in Kindertageseinrichtungen unterstützen, und zwar aus Ihrer Perspektive als Berufseinsteigerin. Denn viele Rückmeldungen und Erfahrungen von Berufsneulingen sind in die Ausführungen eingeflossen, die Antworten auf folgende Fragen suchen: Wie komme ich zu einer Entscheidung über mein künftiges Arbeitsfeld? Wie schaffe ich es, mich in der ersten Zeit einzufinden? Was erleichtert mir den Einstieg in der neuen Stelle? Wie kann mich die Einrichtung bei der Einarbeitung unterstützen und dabei, meine Rolle als Fachkraft auszufüllen?

Neben allgemeinen Informationen zur Eingliederung ins Berufsfeld wird ein konkreter Wegweiser mit individuellem Einarbeitsplan vorgestellt. Weitere Aspekte, die im Buch behandelt werden, sind die Zusammenarbeit im Team und der Dialog mit Eltern und Kolleginnen sowie der Blick auf das Kind und das eigene Bildungsverständnis. Die im Buch abgedruckten Übersichten, Checklisten und Reflexionsanregungen und das Lerntagebuch stehen auch zum Download bereit, um Sie ganz konkret in der ersten Zeit Ihrer Berufstätigkeit zu unterstützen. Um Ihre Überlegungen und Erkenntnisse festzuhalten, sollten Sie sich Notizen machen, die Sie zu einem späteren Zeitpunkt wieder heranziehen können, um Ihren beruflichen Weg und Ihre Entwicklung nachvollziehen zu können.

Pia Theresia Franke

Gezielte Einarbeitung ist unverzichtbar

... und jedem **Anfang** wohnt ein **Zauber** inne ...

Hermann Hesse

Wozu braucht es denn eine Einarbeitung? Genügt es denn nicht, dass Sie sich in den vergangenen vier bzw. fünf Jahren auf den Beruf vorbereitet und sich in unterschiedlichen Praktika mit den Anforderungen und Erwartungen auseinandergesetzt haben? – so könnten Sie sich fragen. Doch gerade der Start in den Beruf stellt sowohl an Sie als „die Neue“ vielfältige Anforderungen als auch an die Kindertageseinrichtung. Die erste Zeit in der Kita und die Art und Weise, wie sich diese Anfangsphase gestaltet, entscheidet darüber, ob Sie die Einrichtung schon bald wieder verlassen oder ob Sie längerfristig bleiben. Daher ist es für Sie entscheidend, wie man Sie als Einsteigerin in der Kindertageseinrichtung willkommen heißt und wie sie fachlich und persönlich integriert werden. Ein schneller Wechsel in eine andere Einrichtung wäre belastend für die Kolleginnen in der Einrichtung, für den Träger, für Sie selbst und vor allem für die Kinder.

Der Berufseintritt nach der Ausbildung bedeutet für Sie vielfache Veränderungen: Da ist zum einen die Erweiterung Ihrer Handlungsfähigkeit und Ihrer Fachkompetenz sowie, bedingt durch diese erste Anstellung, auch die Verbesserung des Einkommens. Zum anderen aber hat der Berufseinstieg ganz konkrete Auswirkungen auf Ihr tägliches Leben, damit verbunden sind neue, einengende zeitliche Strukturen und also auch weniger Zeit für die Freizeitgestaltung.

Der Prozess der Eingliederung

Die Gestaltung von Übergängen und Eingewöhnungskonzepte haben bereits in der fachlichen Auseinandersetzung während Ihrer Ausbildung eine Rolle gespielt. So konnten Sie sich im Rahmen Ihrer Ausbildung mit dem Begriff der Transitionen und mit dem dahinter liegenden Ansatz in der Frühpädagogik auseinandersetzen. Dieser Begriff hat nicht zuletzt durch die Einführung der Bildungspläne Einzug in die Praxis gehalten. Ebenso wie Kinder Übergänge bewältigen müssen, ist der Berufsstart auch für Sie ein Prozess mit besonderen Anforderungen. Dieser Übergang von der Ausbildung ins Berufsleben wird als Agency (vgl. Gaupp 2013) bezeichnet, denn hier geht es im Speziellen um die Handlungsfähigkeit der jeweils Betroffenen in den Übergängen. Wie gelingt es Ihnen, mit der neuen und komplexen Anfangssituation adäquat umzugehen? Wie können Sie den Prozess aktiv mitgestalten? Halten Sie sich vor Augen, dass jeder Einstieg und der damit verbundene Lernprozess individuell ist und Prozesscharakter hat. Seien Sie sich bewusst: Einarbeitung darf kein Zufallsprodukt sein und nicht der Beliebigkeit anheimfallen. Sie bedarf einer überlegten Planung, geht es doch um Ihre soziale und fachliche Eingliederung als neue Mitarbeiterin und damit nicht zuletzt auch um die qualitative Weiterentwicklung der Kindertageseinrichtung.
Modelle zur Einarbeitungszeit beinhalten jeweils unterschiedliche Phasen:

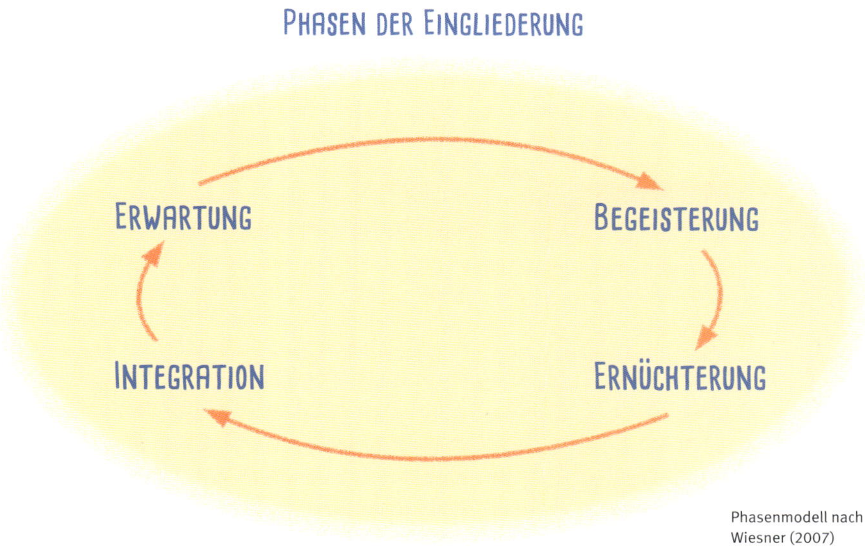

Phasenmodell nach Wiesner (2007)

Die Grafik zeigt, dass die Einarbeitung auch mit unterschiedlichen Emotionen, mit Höhen und Tiefen und mit Fragezeichen verbunden ist, bis Sie als Neuling das Gefühl haben, wirklich in der Einrichtung angekommen zu sein. Während dieses Prozesses findet bei jeder Berufseinsteigerin ein individueller Lernprozess, die sogenannte Lernkurve, statt (vgl. Wiesner 2007, 3).

Fachliche und soziale Eingliederung

Die Einarbeitung von neuen Mitarbeiterinnen bezieht sich sowohl auf die fachliche wie auf die soziale Eingliederung. Bei der sozialen Eingliederung geht es um eine Identifikation mit der Kultur der Einrichtung, um inhaltliche und methodische Fragen der Einarbeitung, um Gespräche und Einführungsveranstaltungen. Die fachliche Eingliederung beinhaltet beispielsweise eine Auseinandersetzung mit den Arbeitsmethoden bzw. Ansätzen in der Einrichtung, die Anwendung des in der Ausbildung erworbenen Fachwissens, das Lernen in der Praxis (Training on the job), Aufgabenverteilung, Verantwortlichkeiten und Zuständigkeiten. Die den Aspekten zugeordneten Impulsfragen in der folgenden Übersicht dienen der Reflexion über Ihre eigene Eingliederung.

Soziale Eingliederung	Impulsfragen
Identifikation mit der Kultur der Einrichtung	• Wie sagt mir der Umgang untereinander zu? • Ist die Zusammenarbeit durch eine partnerschaftliche Arbeitsweise geprägt? • Stimmt das tägliche Miteinander mit den Aussagen beispielsweise der Konzeption oder des Leitbildes überein? • Wie gestaltet sich die Aufnahme in das Team? • Stimmen meine Erwartungen an die Zusammenarbeit mit den konkreten Gegebenheiten überein?
Inhalte / Methodik der Einführung	• Wie gestaltet sich die Einarbeitung? Gibt es ein zugrundeliegendes Konzept? • Erlebe ich einen wertschätzenden Umgang mit mir als Berufsneuling und als Lernende? • Ist die Einarbeitung geplant und individuell? Gibt es eine konkrete Ansprechpartnerin für mich? • Gibt es Zeit und Raum für den Austausch auch über den Prozess selbst?
Kontaktgespräche	• Gibt es Zeit und Raum für Rückfragen? • Gibt es ein regelmäßiges Feedback?
Einführungsveranstaltungen	• Gibt es Veranstaltungen für neue Mitarbeiterinnen? Spezielle Veranstaltungen von Seiten des Trägers? • Gibt es eine Einführung zum Profil der Einrichtung?
...	

FACHLICHE EINGLIEDERUNG	IMPULSFRAGEN
Arbeitsmethoden / Ansätze	• Nach welchem pädagogischen Ansatz wird gearbeitet? Wie wird die Erziehungs- und Bildungspartnerschaft mit den Eltern umgesetzt? • Welche Methoden sind hier üblich? • Welche Beteiligungsmöglichkeiten der Kinder sind in der Einrichtung üblich? • Wie ist die Verpflegung für die Kinder geregelt? Gibt es ein gemeinsam gestaltetes Essen? • Gibt es immer wieder Begegnungsmöglichkeit als Gruppe?
Fachwissen	• Wie kann ich mein erworbenes Wissen umsetzen? • Wo stelle ich für mich noch Verbesserungspotenzial fest?
Training on the job	• Gibt es die Möglichkeit der Hospitation? Habe ich eine feste Ansprechpartnerin, um mich im Sinne der kollegialen Beratung auszutauschen?
Gruppe –Bereich – Querschnittaufgaben	• Welche konkreten Aufgaben sind in der Gruppe zu beachten – routinemäßig, außerplanmäßig? • Besteht eine Verantwortung für einen bestimmten Bereich? Gibt es Zuständigkeiten für Querschnittsaufgaben (z. B. Qualitäts- oder Sicherheitsbeauftragte)?
Zuständigkeiten	• Gibt es Regelungen z. B. für den Bring- und Holdienst? • Gibt es Zuständigkeiten für bestimmte Räumlichkeiten? • Gibt es Regelungen zur Administration (Anwesenheitsliste, Verträge etc.)?
...	

Übersicht in Anlehnung an den Leitfaden zur erfolgreichen Einarbeitung neuer Mitarbeiterinnen und Mitarbeiter (Der Senator für Finanzen, Abteilung Personal- und Verwaltungsmanagement 2004, modifiziert und ergänzt von der Autorin)

Für eine gelingende Einarbeitung ist die soziale Eingliederung ebenso wichtig wie die fachliche: Nicht nur das „Was“ ist für Sie entscheidend (Was muss ich fachlich mitbringen?), sondern auch das „Wie“ (Wie gelingt die Zusammenarbeit und das Vertraut-Werden mit dem Arbeitsumfeld?). Scheuen Sie sich also nicht, aktiv zu werden und suchen Sie das Gespräch! Es ist Ihre Einarbeitung und es geht um Ihre Arbeitszufriedenheit!

In der Zeit Ihrer Einarbeitung geht es um zwei große Fragestellungen, die im Rahmen Ihrer Einarbeitung geklärt und verortet werden müssen.

Leider bestehen in der Praxis noch Vorurteile, dass eine geplante Einarbeitung zu zeit- und kostenintensiv ist; doch das Gegenteil ist der Fall: Denn Ihre Arbeitszufriedenheit und Leistungsbereitschaft wird erhöht, wenn Sie das Gefühl haben, Sie sind angekommen und werden als Neue angenommen. Dies ist eben dann möglich, wenn Sie eine geplante Einarbeitung erleben. Damit können Sie Ihre Schritte überprüfen und Bewältigtes kann so gewürdigt werden, auch Verbesserungsbedarf wird deutlich. Eine gelingende Einarbeitung trägt so zum Abbau möglicher Unsicherheiten bei und unterstützt die Integration in das Team.
Ihre ganz persönliche Auseinandersetzung in der Eingliederungsphase hilft außerdem, das Thema Einarbeitung in der Kindertageseinrichtung zu befördern und als eine professionelle Aufgabe für den Elementarbereich zu sehen.

„Ich bin Erzieherin" – Mein Start ins Berufsleben

Entscheiden, vorbereiten, klären – 3 Schritte vor dem Berufseinstieg

Hannah hat mit Erfolg das Berufspraktikum bewältigt und im nächsten Monat soll es nun so weit sein. Sie möchte ihre erste Stelle als staatlich anerkannte Erzieherin in einer Einrichtung antreten. Lange hatte es gedauert und sie hat viel an Zeit, an Wissen und Austausch in ihre Ausbildung investiert, viele Praktika absolviert sowie Reflexionseinheiten abgeleistet und nun – die erste Anstellung als Fachkraft. Aber wo kann Sie Ihre Fähigkeiten am besten einbringen?

Bereits vor dem eigentlichen Berufseinstieg, lange vor dem ersten Arbeitstag, müssen bestimmte grundlegende Dinge überlegt, geklärt und entschieden werden. In einem ersten Schritt geht es um eine Entscheidung über das künftige Arbeitsfeld, in der weiteren Vorbereitung dann um die Auseinandersetzung mit dem künftigen Arbeitsplatz und schließlich um die Klärung der eigenen Professionalität im Kontext der neuen Arbeitsstelle. Dieser Prozess wird in dem folgenden EVK-Phasenmodell veranschaulicht.

3 Schritte vor dem Berufseinstieg

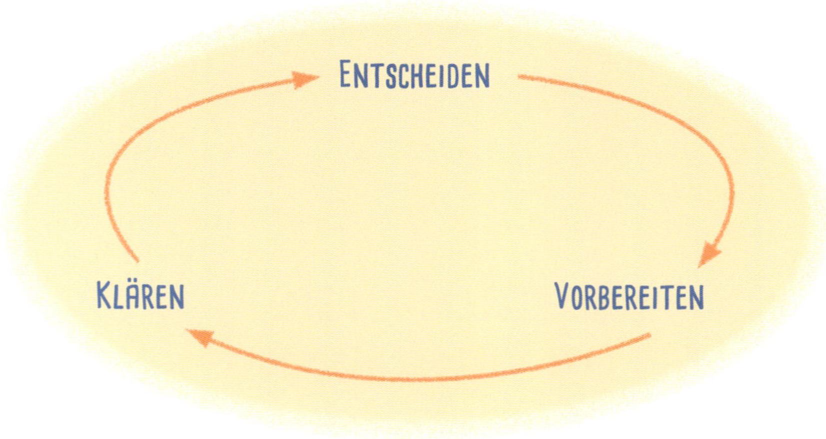

1. Entscheidung für das künftige Arbeitsfeld

Für Hannah wird es nun ernst: So vieles wurde in den letzten Jahren in Ihrer Ausbildung an Inhalten vermittelt, neu erschlossen, diskutiert und von unterschiedlichen Perspektiven in den Lernfeldern begleitet. Nun steht die Entscheidung an, in welchem Arbeitsfeld Hannah einsteigen möchte. Ihr Ideal wäre eine Mitarbeit in einer Kita, die nach einer Konzeption arbeitet, die ihr zusagt. Außerdem sollte es eine Kita sein, in der sie für sich Entwicklungsmöglichkeiten sieht.

Wenn Sie sich wie Hannah im Beispiel oben für eine Tätigkeit im Arbeitsfeld der frühkindlichen Bildung, Erziehung und Betreuung interessieren, lohnt ein Blick auf die neueren Entwicklungen in der Kita-Landschaft, die Ihre Entscheidungsfindung unter Umständen unterstützen können.

Kindertagesbetreuung im Wandel

Gesellschaftliche Erwartungen

Auf diesem Bereich der Kindertagesbetreuung liegt gegenwärtig ein besonderes Augenmerk – auch und besonders in der gesellschaftlichen Öffentlichkeit. Zu keinem anderen Zeitpunkt der Entwicklung war dies so virulent. Die Gesellschaft setzt sich kritisch mit der inhaltlichen Gestaltung von Bildung und den spezifischen Anforderungen auseinander, da sich nicht zuletzt an deren Qualität die Gegenwart und Zukunft der Kinder entscheidet. Bedingt durch die gesamtgesellschaftliche Aufmerksamkeit wundert es nicht, dass der Beruf der Erzieherin stärker in den Fokus rückt.

An den Scheidewegen des Lebens stehen keine Wegweiser.

Charlie Chaplin

Unterschiedliche Professionen

Es ist außerdem festzustellen, dass die Akademisierung in diesem Arbeitsfeld Fuß gefasst hat: Neue Studiengänge wurden in den vergangenen Jahren entwickelt, neue Berufsbezeichnungen sind entstanden. Bachelor-Absolventen frühpädagogischer Studiengänge werden inzwischen einheitlich als Kindheitspädagogen bezeichnet. Waren in der Vergangenheit in Kindertageseinrichtungen fast ausschließlich zwei Professionen, nämlich Erzieherinnen und Kinderpflegerinnen bzw. Sozialassistentinnen anzutreffen, wird heute die Vielfalt der Professionen in dem lange als homogen geltenden Arbeitsfeld größer.

Ansprüche an die Qualität

Die gestiegene öffentliche Aufmerksamkeit, die auch mit aktuellen wissenschaftlichen Erkenntnissen zur kindlichen Entwicklung der ersten Jahre zusammenhängt, hat auch eine höhere gesellschaftliche Erwartungshaltung gegenüber dem Berufsstand der Erzieherin zur Folge.

Folgen der Profilierung

Diese Entwicklungen sollten Sie sich vor Ihrer Entscheidung vergegenwärtigen. In der gestiegenen Aufmerksamkeit liegt auf der einen Seite die große Chance beispielsweise der zunehmenden Profilierung und Konturierung des Berufsfeldes, aber sie birgt auf der anderen Seite auch Stolpersteine: Die geforderte Professionalität und Transparenz stellt hohe Anforderungen gerade auch an Sie als Berufseinsteigerin. In der Einarbeitungsphase wird es daher sowohl um die Stärkung Ihrer beruflichen Identität als auch um die Förderung Ihrer Innovationskraft gehen.

2. Vorbereitung auf die neue Stelle

Hannah hat die verschiedenen beruflichen Optionen einer examinierten Erzieherin von der Offenen Kinder- und Jugendarbeit über die Schulkindbetreuung, Angebote der Erziehungshilfe bis hin zur frühkindlichen Bildung, Erziehung und Betreuung geprüft. Ihre Entscheidung fällt nach reiflicher Überlegung für das Arbeitsfeld Kita. Nun muss sie sich darüber klar werden, wo genau sie eine Anstellung anstrebt: Offene Kita, Waldkindergarten, Inklusionskindergarten, altersgemischter Kindergarten oder vielleicht eine Tätigkeit in einem Haus für Kinder oder einem Familienzentrum?

Das vielfältige, plurale Angebot der Kindertagesbetreuung erfordert, dass Sie sich mit den unterschiedlichen Konzeptionen auseinandersetzen. Die folgenden Fragen helfen Ihnen im Vorfeld, Klarheit über Ihre persönlichen Wünsche und Vorstellungen zu gewinnen.

REFLEXIONSFRAGEN

Arbeitsplatz-Check

- Entspricht die Konzeption der Kita und der ihr zugrundeliegende Ansatz meiner eigenen pädagogischen Haltung?
- Welche Anforderungen stellt die pädagogische Ausrichtung der Kita an mich?
- Welchen Schwerpunkt oder auch Änderungsbedarf sehe ich in der Konzeption?
- Was bedeutet die Lage der Einrichtung (Sozialraumorientierung) für meine Tätigkeit dort? Welche Kinder und Familien besuchen die Kita?
- Wie sehen die konkreten personellen und situativen Gegebenheiten aus?
- Welche Anforderungen stellt die Tätigkeit bei diesem Träger an mich?
- Welche Entwicklungsmöglichkeiten bietet mir der Träger?
- ...

Diese und ähnliche Fragen stellen sich Fachkräfte aber auch bei jedem Anstellungswechsel, wenn sie sich beruflich neu orientieren, doch ganz besonders Erzieherinnen, die am Beginn Ihrer Berufslaufbahn stehen und sich erst in die berufliche Rolle einfinden müssen.

Nach der Entscheidung für eine Einrichtung, nach Ihrer Bewerbung und schließlich der Unterzeichnung des ersten Arbeitsvertrages bereiten Sie sich ganz konkret auf die neue Stelle vor. Die folgenden Fragen unterstützen Sie, den Einstieg ganz gezielt anzugehen. Nutzen Sie für Ihre Recherche alle zur Verfügung stehenden Medien (Konzeption, Organigramm, Flyer, Internetauftritt ...), um sich mit der Kita näher vertraut zu machen.

Fahrplan bis zum ersten Tag

Reflexionsfragen

Recherche zur Einrichtung

- Wie stellt sich die Kita nach außen dar? Was wird besonders deutlich?
- Wie ist der Aufbau, die Struktur der Einrichtung?
- Sind besondere Zuständigkeiten geregelt?
- Welche Aussagen werden über Einrichtung und die Trägerschaft getroffen?
- Wie ist die konzeptionelle Schwerpunktbildung?
- Zeichnen sich eventuell Änderungen in der Einrichtung ab?
- Gibt es besondere Aktionen/Projekte?
- ...

Reflexionsfragen

Meine individuelle Vorbereitung

- Welche Aufgaben habe ich in meiner vorhergehenden beruflichen Entwicklung und Ausbildung erfolgreich bearbeitet? Wie kann ich dies für die neue Stelle nutzen?
- Welche Eigenschaften und Vorgehensweisen waren für mich in einer neuen Praktikumsstelle positiv? Was hat dazu beigetragen, dass ich mich schnell eingewöhnen konnte?
- Welche Eigenschaften haben mich bisher vorwärts gebracht?
- Welche Lücken kann ich in Bezug auf die neue Stelle noch fachlich und/oder methodisch schließen?
- Wie will ich meinen ersten Arbeitstag nach Dienstschluss ganz konkret verbringen?

Kontaktaufnahme mit der Einrichtung

Damit Sie sich auf den Einstieg vorbereiten können, sollten Sie vorab klären, was Sie für den ersten Tag wissen müssen, und mit der Einrichtung Kontakt aufnehmen. Greifen Sie zum Telefon!

Reflexionsfragen

Die telefonische Kontaktaufnahme

- Wann genau beginnt mein Dienst am ersten Arbeitstag?
- An wen kann ich mich wenden? Wer ist meine Ansprechpartnerin?
- Was muss ich zum Arbeitsbeginn mitbringen? Was ist noch mit der Verwaltung zu klären?
- Sind noch weitere Zeugnisse und Unterlagen oder bestimmte Untersuchungen erforderlich?
- Sind bestimmte Zeitplanungen für Unterweisungen oder Einführungen erforderlich?
- Sind bestimmte Gepflogenheiten der Einrichtung zu beachten (Schuhe, Bekleidung etc.)?
- Wie kann ein Kontakt zum Träger erfolgen? Ist eine eigene Einführung geplant?
- Wie erfolgt die Vorstellung gegenüber Eltern (persönliche Vorstellung, Mitteilung am Info-Brett …)?

3. Klärung der eigenen Professionalität

Der neue berufliche Abschnitt steht für Hannah nun unmittelbar bevor und bedarf einer gesonderten Auseinandersetzung: Anders als im Praktikum gestaltet sie die neue Position maßgeblich mit. Gleichsam als Lehrende und Lernende macht sie sich als neue Fachkraft auf den Weg.

In dieser Phase geht es darum, Ihr Verständnis als Fachkraft zu klären. Berufliche Identität und professionelle Perspektiven weiterentwickeln, lautete ein Lernfeld des Lehrplanes in Ihrer Ausbildung. Als Kompetenzerwartungen zu diesem Lernfeld waren u. a. benannt: „Die Studierenden vergleichen ihre Vorstellungen von der Ausbildung und dem Beruf der Erzieherin und des Erziehers mit den gesellschaftlichen Anforderungen. Sie erfassen die Ausbildung als prozesshaften Erwerb beruflicher Handlungskompetenzen, der an verschiedenen Lernorten stattfindet und Selbstmanagement erfordert.“ (isb 2013, 28). Der Vergleich der eigenen Rolle mit den gesellschaftlichen Erwartungen und die Klärung der eigenen pädagogischen Professionalität werden nun in der Berufspraxis fortgesetzt.

ES GIBT EINEN PLATZ, DEN DU FÜLLEN MUSST,
DEN NIEMAND SONST FÜLLEN KANN,
UND ES GIBT ETWAS FÜR DICH ZU TUN,
DAS NIEMAND SONST TUN KANN.
PLATON

Die folgenden Fragestellungen und Impulse helfen Ihnen sowohl in der Vorbereitung auf die neue Tätigkeit, als auch in der Zeit der Einarbeitung und stärken Ihre berufliche Identität. Ein Abgleich der eigenen Erwartungen mit denjenigen, die von Einrichtung und Kolleginnen an Sie gestellt werden, unterstützt diesen Prozess. Auch im weiteren Verlauf werden die Reflexionseinheiten Ihnen helfen, sich mit Ihrer neuen Aufgabe reflektiert auseinanderzusetzen.

REFLEXIONSFRAGEN

Einstieg am neuen Arbeitsplatz: Meine Rolle als Fachkraft

- Welche Erwartungen werden an mich gestellt?
- Welche Erwartungen habe ich an mich selbst?
- Bin ich verantwortlich als Gruppenleitung: Wie sehe ich mich als „Leitende“?
- Bin ich verantwortlich als Zweitkraft: Wie gelingt es mir als Fachkraft neben einer Kollegin meine Rolle zu finden? Kann ich mich als Lernende und Lehrende sehen?
- Welche Auswirkungen hat die neue Stelle auf mich als Person?
- Ist die Tätigkeit für mich ein Job oder Beruf?

REFLEXIONSFRAGEN

Mich in die neue Tätigkeit einfinden: Professionalität und Work-Life-Balance

- Was heißt für mich Bezugsperson sein?
- Wie geht es mir mit Nähe und Distanz? (Du oder Sie – was ist für mich angemessen?)
- Wie gehe ich mit Unsicherheiten um? Muss ich alles wissen?
- Wie gehe ich mit Grenzen um? Kann ich eigene Grenzen erkennen und akzeptieren?
- Was heißt für mich Vorbild sein? Lebe ich das selbst, was ich von den Kindern erwarte?
- Mache ich mir gerne Gedanken zu neuen Ideen für die tägliche Arbeit?
- Wie kann ich zunehmend Sicherheit erlangen?
- Wie gehe ich mit Situationen um, die mir unter die Haut gehen oder die ich im Moment nicht ändern kann?
- Wie gehe ich achtsam mit mir selbst um?
- Wie kann ich einen angemessenen Umgang mit Stress finden?
- Wo finde ich Entspannung? Wie finde ich Regelmäßigkeit/Rhythmus und entspannende Elemente in meinem Arbeitsalltag (Work-Life-Balance)?

Reflexionsfragen

Mich Zurechtfinden: Meine Passgenauigkeit in der neuen Stelle

- Was sind meine konkreten Aufgaben, Aufgabenbereiche?
- Was bringe ich mit? Was brauche ich?
- Was gelingt mir gut? Was fällt mir noch schwer? Wo liegen Stolpersteine?
- Wie ist mein Anforderungsprofil für die neue Stelle?
- Wie sehe ich mein „Person-Job-Fit”? Inwieweit entsprechen die Gegebenheiten der neuen Stelle meinen Voraussetzungen, Erwartungen und Bedürfnissen?
- Wie sieht hieraus abgeleitet mein persönlicher Entwicklungsbedarf aus?
- Wo sehe ich meine konkreten ersten Schritte?

Beim Einstieg in die Berufstätigkeit ist es sinnvoll, ein sogenanntes Anforderungsprofil zu erstellen, das sich im Detail mit Ihrer neuen beruflichen Position befasst und Ihre Qualifikationen und Fähigkeiten beschreibt. Im Gegensatz zu Stellenbeschreibungen sind Anforderungsprofile konkret und spezifisch für die jeweilige Position in der Einrichtung formuliert. Mit dem Anforderungsprofil haben Sie für sich eine handhabbare Methode zur Überprüfung Ihrer Kompetenzen und auch den Blick auf ein mögliches Verbesserungspotenzial.

> Unsere Wünsche sind Vorgefühle der Fähigkeiten, die in uns liegen, Vorboten desjenigen, was wir zu leisten imstande sein werden. Was wir können und möchten, stellt sich unserer Einbildungskraft außer uns und in der Zukunft dar; wir fühlen eine Sehnsucht nach dem, was wir schon im Stillen besitzen. So verwandelt ein leidenschaftliches Vorausergreifen das wahrhaft Mögliche in ein erträumtes Wirkliches.
>
> Johann Wolfgang von Goethe

Mein Anforderungsprofil

Konkrete Position
(Gruppenleitung in Krippe, Kindergarten, Hort, Familienzentrum etc.)

....

....

Ziel
(Was soll erreicht werden?)

....

....

Kernaufgaben
(bezogen auf das Ziel)

1. ....
2. ....
3. ....
4. ....

usw.

Anforderungen
(erforderliche Kompetenzen)

1. ....
2. ....
3. ....
4. ....

usw.

Anforderungsprofil in Anlehnung an Lamberti/Sommerfeld: Strategische Personalentwicklung (2003, 43)

Die erste Zeit im Beruf – Mein Wegweiser für die Einarbeitung

Zu Beginn Ihrer Tätigkeit in der neuen Stelle sollten Sie erfragen, wer von Seiten der Einrichtung als Startbegleiterin oder Mentorin während der Einarbeitungsphase für Fragen und Klärungsbedarf zur Verfügung steht. Wird eine solche Person benannt, zeigt sich darin die (Führungs-)Kultur der Einrichtung und die Wertschätzung der Kita gegenüber Ihnen als neuer Mitarbeiterin. Als Neue gibt es Ihnen Orientierung und ist ein klares Signal: „Hier ist Zeit für meine Fragen“ und „An die Kollegin kann ich meine Fragen ohne Zeitdruck oder schlechtes Gewissen richten.“ Scheuen Sie sich also nicht, nachzufragen!

> **Wichtig** ist, dass man nicht aufhört zu **Fragen.**
>
> Albert Einstein

Checkliste für den ersten Tag

Für den ersten Tag in der Einrichtung kann die folgende Checkliste ein hilfreicher Wegweiser sein. Passen Sie die Inhalte Ihrer individuellen Situation in Ihrer neuen Arbeitsstelle an und legen Sie die Checkliste zugrunde, um gleich zu Beginn zusammen mit Ihrer Mentorin die wichtigsten Basics zu klären.

CHECKLISTE … … für den ersten Tag

A
- Abholung der Kinder: Welche Regelungen gelten?
- Arbeitszeiten / Anwesenheiten

B
- Besondere Aktivitäten: Welche Absprachen sind nötig?
- Beobachtungen / Beobachtungsverfahren
- Bücher

C
- Computer (Passwort)

D
- Dienstgespräche mit dem Träger: Gibt es feste Termine?
- Dienstplangestaltung
- Dokumentationen

E
- Elterngespräche
- Eingewöhnung
- Erste Hilfe
- Entwicklungsgespräche

F
- Freispiel (Aufgaben)
- Faxgerät (Bedienung)

G
- Gebäude kennenlernen

H
- Hausmeister
- Haftungsfragen

I
- Informationen
- Individueller Arbeitsplan

J
- Jahresplanung

K
- Kollegialer Austausch
- Kopierer, Konzeption
- Kollegen und Kinder kennenlernen

L
- Leitbild der Einrichtung

M
- Mittagessen

N
- Nachhauseweg
- Namen merken

O
- Organisatorisches
- Offenes Arbeiten (Absprachen)

P
- Projektarbeiten, Prozessabläufe, Post, Protokoll

Q
- Qualitätsmanagement

R
- Regeln, Räumlichkeiten/ Raumbelegung, Ruheraum

S
- Schweigepflicht, Sprachförderung
- Aushändigen der Schlüssel

T
- Turnen, Teambesprechungen

U
- Unterlagen, Übergänge

V
- Verantwortlichkeiten
- Verwaltung, Vorkurs Deutsch
- Vertretungen

W
- Wirtschaftsbereich (Regelungen)

XYZ
- Zuständigkeiten (Regelungen)

Einarbeitungsplan für die erste Woche

Bis sich eine ungewohnte Situation vertraut anfühlt, braucht es Zeit. In der Einarbeitungszeit hilft es, wenn Sie einen Überblick darüber gewinnen, welches Wissen und welche Kenntnisse Sie neu erworben haben – kurz, welche positiven Veränderungen sich einstellen. Eine entsprechende Planung, die bestimmte Aufgaben formuliert, vermittelt Ihnen Orientierung und Sicherheit. Ihre Aufgaben werden selbstverständlich davon abhängen, welche berufliche Position Sie in der Einrichtung bekleiden: Sind Sie als Gruppenleitung sogleich in der Verantwortung oder können Sie sich nach und nach Sicherheit aus der Position der Zweitkraft heraus erwerben? Sind sie gruppenübergreifend für bestimmte Aufgaben zuständig?

Einarbeitungsplan für die erste Woche

Meine Aufgaben	Umsetzung	Wer unterstützt mich? An wen kann ich mich wenden?
Der erste Tag ... Aufgaben		
Der zweite Tag ... Aufgaben		
Der dritte Tag ... Aufgaben		
Der vierte Tag ... Aufgaben		

Der fünfte Tag		
Rückblick und Feedback		
Ausblick und Planung für die zweite Woche		

Ein Hinweis für die ersten Tage: Sorgen Sie vor allem für ausreichend Schlaf und verschaffen Sie sich gerade in der stressigen Zeit der ersten Eingewöhnung persönliche Belohnungssequenzen und gönnen Sie sich etwas, sei es einen Spaziergang in der Natur, ein gemütliches Bad oder einen Besuch im Café mit einer Freundin oder einen hübschen Blumenschmuck für Ihr Zuhause.

Das Lerntagebuch

Ein Lerntagebuch zu führen, ist eine weitere Möglichkeit, um die erste Zeit gut zu bewältigen (Nückles 2010). Das Lerntagebuch bietet einen Überblick über das bereits Erreichte, es zeigt aber auch auf, wo Verbesserungs- oder Klärungsbedarf besteht. Dennoch sollten Sie Ihr Augenmerk gerade in der Phase des Berufseinstiegs vor allem darauf richten, was bereits gut gelingt. Denn Ressourcenorientierung hört nicht beim Blick auf das Kind auf. Führen Sie sich immer wieder vor Augen, wo Sie erfolgreich waren und was sie bereits gut bewältigen. Das bestärkt Sie, fördert Ihre Motivation und Arbeitszufriedenheit. Ein Lerntagebuch können Sie entweder führen, indem Sie frei täglich Notizen über Ihren Arbeitsalltag anfertigen, oder aber Sie greifen auf das bereits vorstrukturierte Muster zurück, das Ihnen auch als Download zur Verfügung steht.

Mein Lerntagebuch

Datum

- Worum ging es heute (im Projekt, im Freispiel, im Team ...)?

- Was ist mir gut gelungen?

- Was hat mich angesprochen?

- Was ist mir schwer gefallen?
  Wo haben sich Fragezeichen ergeben?

- Was war für mich neu?

- Was fehlt mir noch? Welche Informationen oder
  Kenntnisse benötige ich?

- Mit wem ist etwas zu klären, wo muss ich nachfragen?

- Was sind konkrete Schritte?

- Sonstige Anmerkungen

Nutzen Sie das Lerntagebuch und Einheiten der Reflexion, um inne zu halten und um wertzuschätzen, was Ihnen gut gelungen ist. Für Pannen und Fehler, die unweigerlich passieren, gilt: Nehmen Sie sich diese nicht allzu sehr zu Herzen, sondern als eine Gelegenheit, Ihre fachliche Weiterentwicklung zu befördern.

Einarbeitungsphasen

Der gesamte Einarbeitungsprozess wird üblicherweise in mehrere Phasen eingeteilt. Im Bereich der Kindheitspädagogik wird häufig das folgende Modell zugrunde gelegt, es kann Ihnen einen Anhaltspunkt über den zeitlichen Ablauf Ihrer Einarbeitung geben.

Phasenmodell der Einarbeitung

	Zeit	Schwerpunkte
Einführungs- und Orientierungsphase	8 Wochen	
Erprobungsphase	8 Wochen	Fachkompetenz
Verselbstständigungsphase	4 Monate	Fachkompetenz und Selbstkompetenz
Abschlussphase	4 Monate	Handlungskompetenz

Phasenmodell in Anlehnung an den Leitfaden Berufseinstiegsphase Elementarpädagogik B.A. der Universität Bremen (2010)

Die Bedeutung der ersten Wochen für die berufliche Entwicklung

Die ersten Wochen dienen der Eingewöhnung, sie sind geprägt von der Suche nach Orientierung. In dieser Zeit werden Sie sich mit den Gegebenheiten vor Ort, mit den Ihnen anvertrauten Kindern, den Eltern, den Kolleginnen sowie dem Träger vertraut machen und lernen weitere wichtige Ansprechpartnerinnen im Umfeld der Einrichtung kennen. Die nachfolgende Erprobungsphase ist gekennzeichnet durch eine Erweiterung und Festigung Ihrer fachlichen Kompetenzen. Die theoretischen Inhalte, die Sie sich in der Ausbildung angeeignet haben, können Sie anwenden und kritisch überprüfen, indem Sie die erlebten Situationen aus der Distanz heraus betrachten. Es sind immer wieder Zeiten der Reflexion erforderlich, zu Beginn der Einarbeitung sicher häufiger, später werden die Abstände nach Bedarf variieren.
Scheuen Sie sich auch nicht, kollegiale Beratung in Anspruch zu nehmen, und bitten Sie Kolleginnen oder Ihre Mentorin um ihr Feedback. Nur so können Sie überprüfen, ob Sie auf dem richtigen Weg sind und wo gegebenenfalls Verbesserungspotenzial liegt.

? Reflexionsfragen

Mein Einstieg

- Wie verlief der erste Tag / die erste Woche / die ersten Wochen ...?
- Womit war ich zufrieden? Worauf möchte ich aufbauen?
- Was lief weniger gut? Was ist mein Anteil? Was kann ich noch verbessern?
- Was sind meine nächsten konkreten Schritte?

Suchen Sie sich auch außerhalb der Einrichtung Gleichgesinnte, die sich in einer vergleichbaren Phase befinden. Nutzen Sie den Austausch und bauen Sie sich Ihr berufliches Lern-Netzwerk auf.

Achten Sie gerade in der ersten Zeit auf Ihr persönliches Ankommen in der Kita, denn in der Anfangszeit stellen Sie die Weichen für Ihre berufliche Entwicklung.

Neu im Team – im Team lernen

Nach unserer **Überzeugung** gibt es kein größeres und wirksameres Mittel zu wechselseitiger **Bildung** als das **Zusammenarbeiten.**

Johann Wolfgang von Goethe

Im Rahmen Ihrer Ausbildung haben Sie das Themenfeld „Team/Teamarbeit" in unterschiedlichen Lernfeldern behandelt: Die Anforderungen an eine teamfähige Erzieherin war ebenso Inhalt wie Teamphasen, Teamrollen und vieles mehr. Die Theorie wurde umfassend erörtert, doch die Praxis unterscheidet sich davon meist deutlich. In der Praxis sind Sie als Person gefordert. Daher beobachten Sie zu Beginn Ihre Umgebung und Ihre Kolleginnen und Kollegen und deren Umgang untereinander genau und sammeln Sie Eindrücke vom täglichen Miteinander. Diese Eindrücke werden sich im Laufe der Zeit verändern; sie werden sich durch zunehmende Informationen möglicherweise verfestigen oder sich differenzieren. Vielleicht fragen Sie sich nach einiger Zeit: „Warum war mir die Kollegin aus der Nachbargruppe am Anfang so fremd und warum hatte ich zu ihr eine so große Distanz?"

Die Zusammenarbeit im Team mit unterschiedlichen Kolleginnen verläuft nicht immer reibungslos. Auch wenn in so manchen Fachbüchern und Zeitschriften Kniffe und Methoden erläutert werden, um die Harmonie im Team herzustellen, sieht der Alltag

oft anders aus. Mitglied eines Teams zu sein, heißt immer auch, Spannungen auszuhalten, Kompromisse einzugehen, eigene Haltungen zum Ausdruck zu bringen. Konflikte sind bei der Zusammenarbeit unterschiedlicher Kolleginnen und Kollegen unvermeidlich, es kommt jedoch darauf an, wie man mit ihnen umgeht und wie man zu Lösungen kommt. Oft wird an der Sache vorbeigeredet und viel Energie aufgewendet, ein vorhandenes Problem nicht zu thematisieren, sei es, um andere Teammitglieder nicht zu brüskieren oder aber auch, um die eigenen Anteile am Konflikt nicht anzuschauen. Diese Strategie ist langfristig wenig erfolgversprechend und wird sich zwangsläufig zu einer „Stolperfalle" entwickeln. Für Sie als Berufsneuling ist es daher besonders wichtig, dass Sie Konflikten nicht aus dem Weg gehen und einen eigenverantwortlichen Weg in der Teamarbeit und für die Zusammenarbeit finden.

Was macht das Team zum Team?

Kaum ein Begriff wurde in den vergangenen Jahren so inflationär verwendet. Jede temporär zusammengesetzte Gruppe wird schnell als Team bezeichnet und gerne wird auf die Frage, was „Team" denn bedeute, scherzhaft geantwortet „**T**oll, **e**in **a**nderer **m**acht's". Darin schwingt die besondere Eigenheit der Zusammenarbeit mit und es verdeutlicht gleichzeitig die Schwierigkeit, die in dem Begriff „Team" liegt.

Zusammenarbeit funktioniert nicht von alleine

Mabey und Caird (1999, 7) legen folgende Hauptkriterien zugrunde:

- Ein Team besteht aus mindestens zwei Mitgliedern.
- Jedes Mitglied trägt zur Erreichung der Teamziele mit seinen jeweiligen Fähigkeiten bei, auch unter Berücksichtigung der daraus entstehenden gegenseitigen Abhängigkeiten.
- Die eigene Team-Identität unterscheidet sich von den individuellen Identitäten der Mitglieder.
- Es bestehen Kommunikationspfade sowohl innerhalb des Teams als auch nach außen.
- Die Struktur des Teams ist aufgaben- und zielorientiert.
- Ein Team evaluiert regelmäßig seine Effizienz.

Diese Kriterien verdeutlichen sowohl die Komplexität, als auch die dringende Klärung des Teamgedankens.

Was eine Gruppe also zum Team macht, ist gerade für Sie als „die Neue", die dazukommt, eine wesentliche Frage, schwingen doch immer Erwartungen, Vorstellungen und auch Fragen nach der eigenen Passung mit.
Die tägliche Zusammenarbeit wird nur dann einigermaßen reibungslos funktionieren, wenn sich die Teammitglieder bewusst machen, welche unterschiedlichen Ziele und Erwartungen der Arbeit zugrunde liegen, wenn sie sich mit der Passung der einzelnen Kolleginnen auseinandersetzen und durch konkrete Erfahrungen am Wir-Gefühl arbeiten. Erleichtert wird Ihr Einstieg in die Teamarbeit,

- wenn es Gemeinsamkeiten bezüglich Zielen und Erwartungen gibt,
- wenn eine Klarheit in der Kommunikation gegeben ist,
- wenn konkrete Vereinbarungen für Verbindlichkeit sorgen,
- wenn Motivation und gemeinsamer Erfolg erkennbar sind.

Die Mentorin, die für Ihre Einrichtung zuständig ist, wird auch den Prozess Ihres Hineinwachsens ins Team unterstützen. Wenn Sie den Eindruck haben, dass Sie von der Ihnen zugeteilten Kollegin zu wenig Unterstützung bekommen und Ihre Anliegen nicht richtig gehört werden, scheuen Sie sich nicht, eine andere Person im Team zu suchen, die diese Aufgabe übernimmt.

Stolpersteine der Zusammenarbeit

In einem Team bedarf es in regelmäßigen Abständen immer wieder einer Standortbestimmung, ganz besonders dann, wenn eine neue Mitarbeiterin dazukommt. Für diese Standortbestimmung sollte man auch mögliche Stolpersteine im Blick haben. Am häufigsten werden die nachfolgenden Probleme benannt (vgl. Fleig 2013):

- **Fehlende Ziele:**
  Wo will sich das Team engagieren? Wohin geht die Entwicklung?
- **Mangelnder Informationsfluss:**
  Wie werden Informationen zur Verfügung gestellt? Wie erhalten Kolleginnen, die nicht immer da sind (z. B. Teilzeitbeschäftigte), die erforderlichen Informationen?
- **Fehlende Rückmeldungen:**
  Ein Feedback fehlt oder wird nur dann gegeben, wenn es nicht läuft.
- **Mangelnde Konflikthandhabung:**
  Konflikte werden nicht bearbeitet oder nicht thematisiert, sondern auf der persönlichen Ebene ausgetragen.

Reflexion von Zielen und Erwartungen

Zusammenarbeit im Team bedeutet immer auch, dass unterschiedliche Ziele in Deckung gebracht werden müssen. Fleig (2013) definiert drei Zielebenen:

- **Leistungsziele:**
  Das Team muss seine Aufgabe erfüllen und die vorgegebenen Ziele erreichen.
- **Individuelle Interessen und Ziele:**
  Die einzelne Mitarbeiterin verfolgt Ziele und Interessen, die ihr persönlich wichtig sind, zum Beispiel bestimmte Aufgaben oder Entwicklungsmöglichkeiten.
- **Soziale Bedürfnisse:**
  Das Interesse der Mitarbeiterinnen an einer guten Zusammenarbeit ohne große Konflikte und an einer offenen Kommunikation untereinander

In vielen Beratungen mit Teams wird offenkundig, dass die unausgesprochenen Erwartungen von der Leitung an die einzelne Mitarbeiterin und umgekehrt oder auch zwischen den Mitarbeiterinnen untereinander ein wesentlicher Konfliktherd sind. Reflektieren Sie daher für sich Ihre Erwartungen, die Sie an Ihre Kolleginnen und Kollegen haben, um Möglichkeiten und Grenzen auszuloten, und reflektieren Sie Ihre persönlichen Ziele.

Reflexionsfragen

Meine Ziele im Kontext der Einrichtung

- Welche Erwartungen habe ich an ein gelingendes Team?
- Wie soll die konkrete Zusammenarbeit aussehen? Wie können wir uns auf gemeinsame Haltungen verständigen?
- Welche Erwartungen stelle ich an meine Kolleginnen?
- Welche Erwartungen werden an mich gestellt?
- Welche Rolle möchte ich in diesem Team einnehmen?

Reflexion des eigenen Bildungsverständnisses

In einem Kita-Team zusammenzuarbeiten, erfordert von den Mitarbeiterinnen, sich bewusst zu machen, welches Bild vom Kind sie haben und sich auf eine gemeinsame Haltung und Vorgehensweise zu verständigen, was die pädagogische Ausrichtung und das Bildungsverständnis anbelangt. Die gemeinsame Teamarbeit bildet gleichsam das Kernstück für die Bildungsqualität der Einrichtung. Diese Bildungsqualität gestalten Sie als Fachkraft entscheidend mit.
Insbesondere für Sie als Neue ist es wichtig, dass Sie selbst darüber Klarheit gewinnen, denn im Alltag mit den Kolleginnen und den Kindern werden Sie unterschiedliche Verhaltensweisen erleben, sie beobachten, reflektieren und einordnen. Auch werden Sie dabei überprüfen, inwieweit das Verhalten der Kolleginnen mit der vorliegenden Konzeption übereinstimmt.

? Reflexionsfragen

Mein Bildungsverständnis

- Welches Bild vom Kind habe ich?
- Wie sehe ich das Kind – aktiv, selbstbestimmend, bildungsbedürftig, bildungsfähig ...?
- Was verstehe ich unter Bildung?
- Wie ist mein Bildungsverständnis – integrativ oder additiv?
- Wie ist meine Rolle als Fachkraft in diesem Bildungsprozess? Sehe ich mich zugleich als Lehrende und Lernende?

Mitgestaltung des Teamprozesses

Erfahrungsbasiertes Lernen im Team

Für die Weiterentwicklung eines Teams bedarf es konkreter Erfahrungen und Lernprozesse. Kolb (1984, 21) spricht in diesem Zusammenhang vom erfahrungsbasierten Lernen, das den Fokus mehr auf den Prozess als auf das Lernergebnis legt. Wissen bildet sich durch Erfahrungen und wird durch diese wiederum kontinuierlich verändert. Diese Annahmen wurden in einem Modell zur Teamentwicklung weiterentwickelt. Auf dem Weg zu einer gelingenden Teamarbeit ist daher Folgendes wichtig (vgl. Fleig 2013):

Konkrete Erfahrungen

In der täglichen Zusammenarbeit werden konkrete Erfahrungen gesammelt, so dass jede Mitarbeiterin eine eigene Vorstellung davon hat, was gut funktioniert und was nicht. Einstellungen, Kompetenzen und Verhaltensweisen werden in das Team eingebracht.

Erfahrungen analysieren und reflektieren

Verhalten wird systematisch beobachtet und reflektiert. Dies dient der Grundlage für das Erkennen möglicher Probleme und wertschätzt die Stärken und Schwächen jedes einzelnen Teammitglieds. Erwartungen, Möglichkeiten und Grenzen werden transparent.

Einsichten und Maßnahmen

Einsichten können hieraus abgeleitet werden und eigene Vorstellungen, Modelle oder Annahmen über die Zusammenarbeit werden getroffen. Verbesserungspotenzial ist erkennbar, das in konkrete Maßnahmen mündet.

Neue Erfahrungen

Die Umsetzung in die Praxis verändert das Handeln und Ihre Verhaltensweisen. Dies ist oft ein langsamer Prozess und das Ergebnis ist noch unklar; doch die neuen

Erfahrungen können wiederum analysiert und reflektiert werden. Damit wird die Spirale der Teamentwicklung in Gang gesetzt.

Teams brauchen also gemeinsame Erfahrungen, um sich weiterzuentwickeln und mit aktuellen Herausforderungen adäquat umgehen zu können. Die Bayerischen Bildungsleitlinien nehmen gerade auf das Teamlernen gesondert Bezug. Hier heißt es: „Gelingende Teamarbeit ist maßgeblich für die Qualitätsentwicklung der Prozesse und Ergebnisse in Bildungseinrichtungen. Erforderlich ist die Kompetenz, in Arbeitsgruppen gemeinsam zu planen und zu handeln sowie diese Prozesse zu reflektieren. Teamlernen erfordert Übung und stellt kein punktuelles Vorhaben dar, sondern erfordert den konsequenten Dialog mit Kolleginnen und Kollegen sowie die gemeinsame Verantwortung aller für die gesteckten Ziele und die Festlegung von Strategien und Regeln …" (Bayerisches Staatsministerium für Arbeit und Sozialordnung, Familie und Integration / Bayerisches Staatsmininisterium für Bildung und Kultus, Wissenschaft und Kunst 2014, 12)

MAN MUSS VIEL **GELERNT** HABEN, UM ÜBER DAS,
WAS MAN NICHT WEIß, **FRAGEN** ZU KÖNNEN.

JEAN-JACQUES ROUSSEAU

Die Rolle als neue Mitarbeiterin

Gelingende Teamarbeit knüpft an den konkreten Erfahrungen an und jede einzelne Mitarbeiterin – auch Sie als Berufseinsteigerin – leistet dazu ihren Beitrag. Diskussion und Dialog, Umgang und Auseinandersetzung mit den verschiedenen Verhaltensweisen und Routinen sind die Voraussetzung für ein gemeinsames Lernen im Team. Mischen Sie sich also aktiv ein! Sie werden Schritt für Schritt im Team ankommen. Mit manchen Kolleginnen werden Sie schneller in Kontakt kommen – bei anderen dauert es länger oder gelingt weniger gut.

Tipps für den Einstieg:

- Beobachten Sie Ihre Kolleginnen im Kontakt mit Kindern, Kolleginnen und in den Besprechungen!
- Bewerten Sie nicht sofort!
- Respektieren Sie bei einzelnen die (anfängliche) Distanz!
- Signalisieren Sie Interesse und Bereitschaft zur Unterstützung!
- Fragen Sie!
- Konzentrieren Sie sich zuerst auf zugewandte, Ihnen positiv gestimmte Kolleginnen!
- Vermeiden Sie zu Beginn den Kontakt zu „Nörglern“ und Negativdenkern!
- Vermeiden Sie Allianzen, z. B. Jung gegen Alt!

Neu in der Kita – neu im Team, das bedeutet auch Änderungen im Team, und daher ist es wichtig, sich die verschiedenen Teamentwicklungsphasen vor Augen zu führen, ein kontinuierlicher Prozess, in dem Sie künftig auch eine ganz bestimmte Rolle einnehmen.

Phasen der Teamentwicklung

Da der Einstieg einer neuen Mitarbeiterin immer auch Änderungen im Team zur Folge hat, seien im Folgenden kurz die Teamentwicklungsphasen vorgestellt, die jeweils eigene Fragestellungen für die Hinzugekommenen aufwerfen. Eines der bekanntesten Gruppenentwicklungsmodelle stammt von Bruce Tuckman und wurde bereits 1965 entwickelt (Tuckman 1965, 384–389). Zu jeder einzelnen Teamentwicklungsphase wurden in der Übersicht Fragestellungen und Impulse ergänzt, die Ihr Hineinwachsen ins Team unterstützen können.

Forming (Testphase / Orientierungsphase)

Kennzeichen

Langsames Abtasten und Kennenlernen, durch Vorsicht und Höflichkeit geprägt.
Kommunikation unter den Teammitgliedern ist noch reduziert, jeder versucht, Aufgabe und Rolle im Team zu finden.

Thema: Zugehörigkeit

Meine Fragen

- Welche Kommunikationswege gibt es in der Einrichtung? Wie sind diese geregelt?
- Wie gestaltet sich der Informationsfluss?
- Wie ist der Umgang untereinander? Worauf wird besonders Wert gelegt?
- Wie gestaltet sich die Redezeitverteilung?
- Welche Regeln wären für die Zusammenarbeit wichtig?

Storming (Konfliktphase)

Kennzeichen

Erste Konflikte und Rivalitäten werden zwischen Teammitgliedern, Subgruppen und gegen die Aufgabe deutlich. Rebellion gegen die Teamleitung ist denkbar.

Thema: Macht – Einfluss – Status

Meine Fragen

- Stellen Sie sich auf stürmische Zeiten ein!
- Wie werden Konflikte angesprochen? Sieht man bei Disputen zu? Wird Partei ergriffen? Gibt es Allianzen?
- Wie gehe ich mit Spannungen/Unklarheiten um? Fällt es mir leicht/schwer, konkreten Verbesserungsbedarf anzusprechen? Wie gehe ich mit Kritik um?

Norming (Organisierungsphase)

Kennzeichen

Neue Umgangsformen und Verhaltensweisen werden entwickelt, gemeinsame Ziele und Aufgaben im Dialog ausgetauscht und die Arbeit organisiert. WIR-Gefühl entsteht, Lösung der interpersonalen Probleme.

Thema: Ordnung

Meine Fragen

- Was fällt mir leicht in der Zusammenarbeit?
- Wie viel an Information benötige ich zur Bearbeitung meiner Aufgabe?
- Kann ich meine Ideen einbringen?
- Wie gehe ich mit Störungen um?
- Wann fällt es mir leicht/schwer, Kompromisse einzugehen?
- Welche Werte sind mir selbst in der Zusammenarbeit wichtig? Wo sehe ich meine Stärken?

Performing (Arbeits- / Integrationsphase)

Kennzeichen

Team ist ideenreich, flexibel, solidarisch, leistungsfähig und beweist Autonomie sowie Lebensfähigkeit für einen längeren Zeitraum.

Thema: Gestaltung

Meine Fragen

- Wann läuft die Teamarbeit besonders gut?
- Wie gestalten wir am besten gemeinsame Projekte?
- Wie kreativ sind wir bei Problemlösungen?
- Wie zufrieden bin ich mit meiner Rolle im Team?

Transforming (Trennungs- und Transferphase)

Kennzeichen	Meine Fragen
Rückblick und Bilanz weiterer Zusammenarbeit **Thema: Loslösen – Transferieren**	• Wie kann der Teamprozess in Zukunft besser gestaltet werden? • Welche Erkenntnisse lassen sich auf zukünftige Situationen übertragen und berücksichtigen?

Gruppenphasen nach Tuckman (1965, 384-389), ergänzt von der Autorin

Teamkultur und Spielregeln für das Miteinander

Ein funktionierendes professionelles Team arbeitet effektiv für die Erledigung der Aufgaben, schafft professionelle und persönliche Unterstützung für alle, vergewissert sich regelmäßig der gemeinsamen Vorgehensweisen und Ziele und nimmt erforderliche Veränderungen und Anpassungen vor. Doch dies geschieht nicht einfach von selbst und kann auch nicht verordnet werden. Jedes soziale System lebt von der Kommunikation und kann nach Lewin über Kommunikation verstanden und auch nur über Kommunikation verändert werden (Reidel/Rabenstein 2001, 46ff). Kommunikative Kompetenzen sind daher für Sie als Erzieherin unerlässlich. Kommunikation ist die Schlüsselkompetenz Ihrer Profession, sie ist die Basis für die Zusammenarbeit im Team.

In jeder Kita arbeiten professionell ausgebildete Fachkräfte mit unterschiedlichem beruflichem Hintergrund. Aber nicht nur die Profession, sondern auch die Persönlichkeit prägt den Stil und die Kultur der Einrichtung und entscheidet darüber, wie im Alltag miteinander umgegangen wird. Die ersten Tage und Wochen zeigen Ihnen vieles über die Kultur, die in Ihrem Team üblich ist.

Reflexionsfragen

Die Teamkultur in der Kita

Fragen beim Berufseinstieg:

- Wie begrüßen sich die Kolleginnen?
- Gibt es humorvolle Erzählungen?
- Beschränkt sich die Kommunikation auf das Wesentliche?
- Welche Hierarchie wird evtl. in Besprechungen deutlich?
- Welche formellen und informellen Wege gibt es für Informationen?
- Wie werden diese deutlich und sichtbar?

Fragen nach den ersten Wochen:

- Wer sind wir als Team und wie will sich dieses Team zeigen?
- Was zeichnet uns als Team besonders aus?
- Wann sind wir als Team erfolgreich?
- Wann ist die Zusammenarbeit nicht erfolgreich?

Formelle und informelle Regeln

Teamkultur zeigt sich vor allem in der Kommunikation der Teammitglieder. In der ersten Zeit im neuen Team sind Regeln und verlässliche Absprachen wichtige Orientierungspunkte. Jede Einrichtung besitzt formelle Regeln, wie etwa die Festlegung, wer für den Einkauf oder für die Informationsweitergabe zuständig ist. Darüber hinaus gibt es auch informelle Regeln, die abweichen können: Wie werden Informationen in der Realität weitergegeben? Wer entscheidet über bestimmte Angelegenheiten tatsächlich?

Team-Etikette

Über einen längeren Zeitraum war es nicht mehr so üblich, über „Etikette“ zu sprechen. Leicht wurde man dann als „antiquiert“ oder „versnobt“ angesehen. Doch in jüngster Zeit taucht die Diskussion um angemessene Umgangsformen wieder verstärkt im beruflichen Alltag auf. Wir diskutieren über einen achtsamen Umgang mit Kindern – da schließt sich ein achtsamer Umgang im Team an.
Der Begriff Etikette stammt aus dem Französischen und hatte seinen Ursprung am französischen Königshof. Hier wurden angeheftete Zettel (frz. *étiquette*): verwendet, auf denen die Rangfolge der am Hofe zugelassenen Personen notiert war. Im übertragenen Sinn ging es darum, sich am Hofe entsprechend standesgemäß zu betragen (vgl. wikipedia). Etikette soll im Sinne „guter Umgangsformen“ helfen, das Zusammenleben – im Falle der Teamarbeit insbesondere das Zusammenarbeiten möglichst reibungslos und angenehm zu machen.

> Die kürzesten Wörter, nämlich „Ja" und „Nein" erfordern das meiste Nachdenken.
>
> Pythagoras

Die eigenen Umgangsformen und Werte, die mit der erlebten Familientradition zusammenhängen, zu reflektieren, wird Ihnen helfen, Ihre gegenwärtigen Einstellungen und Haltungen besser zu verstehen, und es wirkt sich auch auf das Miteinander mit den Kolleginnen aus.

REFLEXIONSFRAGEN

Werte in meiner Herkunftsfamilie – meine Werte heute

- Worauf wurde in meiner Familie Wert gelegt?
- Wie habe ich die Werte wahrgenommen?
- Welche Werte habe ich übernommen oder auch abgelehnt?
- Wie habe ich die erfahrenen Werte in Familie, Schule, Freundeskreis entwickelt und worauf lege ich heute Wert?
- Welche Umgangsformen sind mit wichtig – welche unangenehm?
- Welche Relevanz haben für mich Umgangsformen?

REFLEXIONSFRAGEN

Unsere Teamkultur

- Gehen Sie grußlos in die Gruppenräume oder besteht bereits am Morgen ein kurzer Kontakt zwischen den Mitarbeiterinnen?
- Wie finden Diskussionen statt?
- Kommt jede Einzelne zu Wort und kann aussprechen oder fallen sich die Kolleginnen gegenseitig ins Wort?
- Geht jede Einzelne sorgfältig mit den zur Verfügung stehenden Materialien um oder geht es nach der Devise: Wird schon jemand den Materialraum aufräumen?

Formulieren Sie für sich Dos and Don'ts für das tägliche Miteinander, denn Umgangsformen wie Höflichkeit, Achtung und Fairness spielen auch gerade in Teambesprechungen eine nicht zu unterschätzende Rolle.

VIELFALT BEREICHERT – ROLLEN IM TEAM

Die Zusammensetzung eines Teams ist ein wesentlicher Faktor dafür, ob die Teamarbeit gelingt. Jedes Team setzt sich aus ganz unterschiedlichen Personen zusammen. Jede Einzelne gestaltet das Miteinander im Team mit ihren Verhaltensweisen, Einstellungen und Haltungen entscheidend mit und nimmt in dem Gefüge eine ganz bestimmte Rolle ein. Die verschiedenen Rollen beinhalten bestimmte Verhaltensmuster, Funktionen oder Aufgabenstellungen. Das Rollenmodell von Belbin (1996) beschreibt neun unterschiedliche Rollen, die in drei Kategorien zugeordnet werden:

Handlungsbezogene Teamrollen:
Dazu gehören Umsetzer, Macher, Perfektionist.
Intellektuelle Teamrollen:
Evaluator, Erfinder und Spezialist sind hier zuzuordnen.
Soziale Teamrollen:
Hier werden Teamarbeiter, Wegbereiter und Koordinator genannt.

Idealerweise sollten in einem Team alle Rollen vorkommen. Diese Rollen lassen sich jedoch nicht immer so eindeutig identifizieren oder einer Person zuweisen. Genauso gut kann es sein, dass eine Person mehrere Rollen auf sich vereinigt. Bei der Beschreibung von Teamrollen geht es daher nicht um eine eindeutige Klassifizierung, als vielmehr um die Sensibilisierung dafür, was jedes Teammitglied von den anderen Mitgliedern benötigt und wie die einzelnen Rollen mit ihren Stärken zum Gelingen des Ganzen beitragen können.

Interdisziplinäre Teams

Das Feld der Kindertagesbetreuung zeichnet sich zunehmend auch durch unterschiedliche Qualifikationen und Professionen aus. Eine interdisziplinäre Zusammensetzung von Teams birgt große Chancen für die Weiterentwicklung der Kindertagesbetreuung. In interdisziplinär zusammengesetzten Teams können bestehende Routinen durchbrochen werden, unterschiedliche Professionen und die verschiedenen Perspektiven verändern den Blick auf das Kind und können die Qualität der Kita erweitern. Doch bringt dies auch Herausforderungen mit sich: Bei der Zusammenarbeit sollte es nicht um Konkurrenz gehen, sondern vielmehr um das Erkennen und Wertschätzen fachlicher Stärken. Ob interdisziplinäres Arbeiten produktiv ist, ist eine Frage der Haltung und der Kommunikation.

REFLEXIONSFRAGEN

Interdisziplinäre Zusammenarbeit

- Wie offen bin ich gegenüber anderen Professionen in der Kita?
- Pflege ich eine gedankliche Über- oder Unterordnung?
- Werte ich andere Fachkraft-Zugänge als „Erzieher light“?
- Welche Chancen sehe ich für meine eigene Weiterentwicklung in der Zusammenarbeit mit anderen Professionen?
- Welche Chancen liegen in der Zusammenarbeit für die Entwicklung der Kinder?

MEIN MITWIRKEN – MEINE KOMPETENZEN

In welcher Weise Sie als Neue im Team mitarbeiten und sich einbringen, ist abhängig von Ihren Vorerfahrungen. Vergegenwärtigen Sie sich, wo Ihre Stärken liegen, und welche Rollen Sie bislang eingenommen haben.

REFLEXIONSFRAGEN

Meine bisherigen Teamerfahrungen

- Was ist mir in der Zusammenarbeit in früheren Teams leicht gefallen?
- Was hat mir Mühe bereitet?
- Wo hatte ich das Gefühl, nicht weiter zu kommen?
- Welche Rolle hatte ich bisher in Teams? Welche habe ich wahrgenommen?

Teamarbeit erfordert die Auseinandersetzung mit eigenen Stärken, aber auch dem eigenem Verbesserungspotenzial. So ermöglicht sie die Erweiterung Ihrer Handlungskompetenz in der täglichen Praxis. Jedes Teammitglied hat eine jeweils andere Sicht auf eine bestimmte Situation. Werden alle Kompetenzen genutzt, liegt darin die große Chance, gemeinsam zu guten Lösungen zu kommen.

> DER IRRTUM, DASS MENSCHEN SICH VERSTEHEN,
> NUR WEIL SIE DIE GLEICHEN WORTE GEBRAUCHEN, IST SEHR VERBREITET.
>
> RICHARD BANDLER

Als neue Mitarbeiterin Innovationen anstoßen

Viele junge Erzieherinnen, die mit viel Engagement und Verbesserungsvorschlägen in der Kita starten, erleben, dass Änderungsvorschläge in der Einrichtung nicht unbedingt erwünscht sind. Lassen Sie sich nicht einschüchtern, wenn Sie auf die Einstellung „Das machen wir schon immer so“ treffen, und bleiben Sie Neuerungen gegenüber trotzdem aufgeschlossen. Eine gute Kommunikation ist der Schlüssel bei Veränderungen und es besteht immer eine Chance für Innovationen. Doch sicher brauchen Sie dafür Mut und einen langen Atem. Bleiben Sie also am Ball! Um Innovationen auf den Weg zu bringen, gilt die gleiche Maxime wie bei Konfliktverhandlungen: Hart in der Sache und weich zur Person! (Fisher/Ury 2000, 39ff)

1. Merken sie konkrete Verbesserungen an und begründen Sie diese fachlich!
2. Vereinbaren Sie eine „Probezeit“ für Veränderungen!
3. Überprüfen Sie die Veränderungen!

Umgang mit Stress und Druck - Selbstfürsorge

Es wird gerade in der ersten Zeit Ihres beruflichen Einstiegs nicht ohne Stress gehen – achten Sie daher besonders in der Einarbeitungszeit auf Ihre sogenannte „Work-Life-Balance“, also auf einen stresskompensierenden Freizeitausgleich. Die Häufigkeit eines Burnouts hat bei Lehrkräften und Erzieherinnen eklatant zugenommen. Der Beruf der Erzieherin fordert die ganze Persönlichkeit. Deshalb ist es notwendig, achtsam mit den eigenen Ressourcen umzugehen. Vieles ist möglich, wenn der Beruf uns Freude bereitet und uns erfüllt. Erzieherin zu sein, ist eine sinnerfüllte Tätigkeit; doch eben auch ein anspruchsvoller, herausfordernder Beruf, und es wird nicht ausbleiben, dass Ihnen so manches unter die Haut gehen wird oder Sie Erlebtes aus dem beruflichen Alltag, Belastendes oder Unerledigtes mit nach Hause neh-

men. Bauen Sie daher von Anfang an für sich Pausen und entlastende Abläufe ein und sorgen Sie dafür, dass auf Phasen der Anspannung auch Entspannungsphasen folgen. Achten Sie von Beginn Ihrer beruflichen Tätigkeit an auf einen Ausgleich in der Freizeit, sei es durch Sport, kulturelle Veranstaltungen oder auch Kochabende, damit Sie Ihren Beruf langfristig mit Engagement und Gesundheit ausüben können und ihre Freude daran erhalten bleibt.
Auch ein gutes Klima im Team, ein Miteinander, das signalisiert „Wir ziehen alle an einem Strang!“, trägt zur Entlastung und zur beruflichen Zufriedenheit bei.

Reflexionsfragen

Work-Life-Balance

- Was brauchen Sie, um gelassen zu sein?
- Wann können Sie herzhaft lachen?
- Wo finden Sie Ausgleich?
- Was ist einer Ihrer zentralen Grundsätze für Ihre Tätigkeit?

Kollegiale Beratung

Neben der Supervision haben in den vergangenen Jahren auch andere Formen der Beratung Einzug in die Kita gehalten, die stärker auf die Fähigkeiten der Gruppe setzen, Lösungsmöglichkeiten zu finden, so etwa die kollegiale Beratung und (bislang noch weniger verbreitet) die Intervision. Vielleicht haben Sie die kollegiale Beratung bereits an der Fachschule oder im Berufspraktikum kennengelernt. Die kollegiale Beratung ist eine Methode, die die professionellen Kompetenzen ohne eine externe Beratung erweitern kann. Sie dient dazu, Handlungssituationen einzuordnen und im Austausch mit den Kolleginnen die Situation beispielsweise mit einem Kind näher zu betrachten, eigene Anteile zu erkennen und Lösungen zu finden. Es geht dabei nicht um fertige Konzepte, sondern vielmehr um eine Orientierung an den Ressourcen jeder Einzelnen. Die kollegiale Beratung fußt auf den Ansätzen von Cohn, Rogers und Gordon mit dem entsprechenden Menschenbild und Grundannahmen (vgl. Zentrum für schulpraktische Lehrerausbildung für Lehrämter an Schulen/zfsl, 2012). Es gibt unterschiedlich theoretische Modelle, die hinter der kollegialen Fallberatung stehen. Diese gehen von aktiv handelnden Subjekten aus, die sich mit ihren individuellen Vorstellungen über sich und über die Welt einbringen.

Nichts steht einer GUTEN ZEIT
mit anderen mehr im Wege,
als sich mit sich selbst schlecht zu FÜHLEN.

Honoré de Balzac

Kollegiale Beratung sollte von Vertrauen, Vertraulichkeit, Unterstützung und Wertschätzung getragen sein (vgl. Tietze 2012, 25ff). Das Modell der gemeinsamen Suche nach Lösungen ist an eine feste Struktur, an einen klaren Ablauf und an eine bestimmte Arbeits- und Rollenverteilung gebunden und umfasst mehrere Phasen (vgl. Pfreundner, 2014, 23ff). Es lohnt sich, wenn dieses Beratungssetting in der Kita etabliert wird, da dieser Ansatz Ihre eigene pädagogische Professionalität unterstützt und erweitert.

Teambesprechungen und Ergebnissicherung

Besprechungskultur

Teambesprechungen ermöglichen den kollegialen Austausch, sie sichern den wichtigen Informationsfluss innerhalb der Einrichtung und tragen zur qualitativen Weiterentwicklung der Kita bei. Die Besprechung sollte von einer Kollegin moderiert werden, die den roten Faden im Auge behält. Eine erkennbare Struktur und routinierte Abläufe bieten Orientierung angesichts der Fülle von Besprechungspunkten.

Der übliche Aufbau von Teambesprechungen folgt dem didaktischen Dreiklang: Einstieg, Hauptarbeitsphase und Abschlussphase. In der Hauptarbeitsphase werden die Sachthemen angesprochen. Hilfreich ist eine Priorisierung der Themen. Dies ermöglicht eine gute Zeiteinteilung und verhindert, dass wichtige Themen am Ende mangels Zeit unter den Tisch fallen und nicht mehr besprochen werden können.

In jedem bestehenden Team hat sich im Laufe der Zusammenarbeit eine bestimmte Besprechungskultur etabliert. Fragen Sie Ihre Mentorin bei Ihrem Einstieg nach den Gepflogenheiten, um die bestehenden Regeln in Erfahrung zu bringen, so etwa Vereinbarungen für den Umgang mit Mobiltelefon oder Postings auf Facebook, ob es etwa eine festgelegte Sitzordnung für die Teamsitzung gibt oder wer für den Kaffee oder die Getränke zuständig ist.

Dokumentation im Ergebnisprotokoll

Jede Planung und Durchführung einer Teambesprechung bedarf auch einer Ergebnissicherung. Zum einen muss klar geregelt sein, wer wofür zuständig ist, zum anderen muss man angesichts der Fülle von Anforderungen und Aufgaben eindeutig nachvollziehen können, was bereits erledigt ist. Um die Ergebnisse der Teambesprechung festzuhalten und sie für alle zu sichern, sollte immer ein Protokoll geführt werden. Das Protokoll soll nicht den Verlauf der Sitzung wiedergeben, sondern kurz und präzise die wesentlichen Diskussionsergebnisse. Die Protokollantin sollte vorab eventuell nach einem rollierenden Verfahren bestimmt werden.
Das Ergebnisprotokoll enthält die einzelnen Tagesordnungspunkte, die in der Diskussion gefassten Beschlüsse und daraus abgeleitete Aufgaben sowie den Namen des Teammitglieds, das für die Erledigung verantwortlich ist. Außerdem bietet es sich an, einen Zeitrahmen festzulegen, bis wann die Aufgabe erledigt sein soll.

ERGEBNISPROTOKOLL

Protokoll vom ....

Dauer der Besprechung von .... bis ....

Teilnehmer/innen: ....

....

Entschuldigt: ....

Tagesordnung	Zu erledigen	Bis wann?	Verantwortlich?
TOP 1			
TOP 2			
TOP 3			
usw.			

Im Dialog mit Kolleginnen und Eltern

Erzieherinnen brauchen kommunikative Kompetenz

Erfahrungen, Informationen und Erkenntnisse austauschen, eigene Einstellungen im Gespräch überprüfen – dies sind zentrale Aspekte Ihres beruflichen Alltags. Darüber hinaus ist eine große Herausforderung, dass Sie sich in Ihren Gesprächen jeweils auf die unterschiedlichen Kommunikationspartner einstellen – auf die Kinder, auf die Eltern, auf die Kolleginnen, auf den Träger und auf Vertreter unterschiedlicher Fachdienste. Kommunikative Kompetenz und Interaktionskompetenz kennzeichnen Ihre pädagogische Professionalität.

Gedacht heißt nicht immer gesagt,
gesagt heißt nicht immer richtig gehört,
gehört heißt nicht immer richtig verstanden,
verstanden heißt nicht immer einverstanden,
einverstanden heißt nicht immer angewendet,
angewendet heißt noch lange nicht beibehalten.

Konrad Lorenz

Der Kommunikationsprozess

Dass Kommunikation und die Verständigung untereinander komplex sind, verdeutlicht das Zitat von Konrad Lorenz – das auch als „Kommunikationstreppe“ bezeichnet wird. Ausgangspunkt der Kommunikation ist üblicherweise ein inhaltlicher Sachverhalt, der von den am Kommunikationsprozess Beteiligten wahrgenommen, mit bereits Bekanntem verglichen und sodann eingeordnet und bewertet wird. Wenn wir kommunizieren, bleibt es nicht aus, dass wir über die Sachebene hinaus auch mit zum Ausdruck bringen, wie wir uns etwas vorstellen, wie wir gefühlsmäßig darauf reagieren und welchen Stellenwert wir dem Sachverhalt beimessen, unsere Einstellung schwingt also im Gespräch mit. Der Empfänger wiederum muss unsere Botschaften entschlüsseln, damit eine Verständigung möglich wird (Kreggenfeld 2004, 122ff; Groothius 2000, 43ff).

Vier Seiten einer Nachricht

Neben der inhaltlichen Ebene der Kommunikation beinhaltet jede Kommunikation immer auch den Beziehungsaspekt, auch unsere Haltung gegenüber unserem Gesprächspartner teilt sich mit. Kommunikationsmodelle wie etwa das bekannte Modell von Schultz von Thun (2003, 25ff) versuchen, die komplexe Wirklichkeit zu veranschaulichen und zeigen wesentliche Faktoren im Kommunikationsprozess. Danach wird jede Nachricht quasi mit vier „Ohren“ aufgenommen und die Botschaft entsteht beim Empfänger.

Vier Seiten einer Nachricht

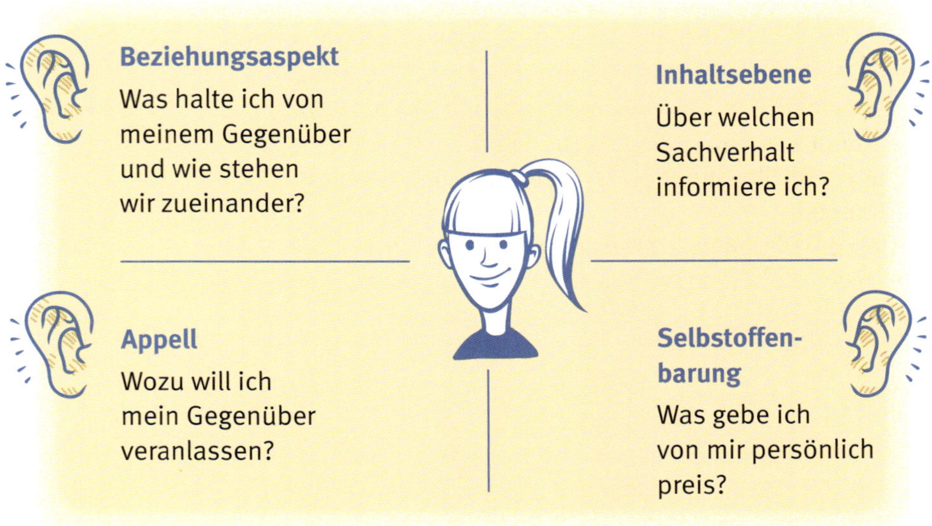

Nach Schulz von Thun (2003, 26ff)

Je konfliktträchtiger sich eine Beziehung darstellt, desto stärker hören wir auf dem „Beziehungsohr“. Die Frage „Was denkt mein Gegenüber von mir?“ rückt stärker in den Mittelpunkt. Doch gelingende Kommunikation lässt sich trainieren und es gibt bestimmte Techniken, die die Verständigung erleichtern. Die folgenden Tipps zur Gesprächsführung sind sowohl in der Kommunikation mit Kindern, aber auch in Gesprächen mit Kolleginnen und Eltern hilfreich.

Tipps zur Gesprächsführung

Die Perspektive wechseln

In der Kommunikation geht es oft darum, gemeinsam Lösungen für ein Problem zu finden. Doch oft sind wir fixiert auf unsere eigenen Vorstellungen von einem

Sachverhalt. Eine Verständigung ist aber nur möglich, wenn wir uns bemühen, die eigenen Vorstellungen mit denen des Gegenübers abzugleichen. Wenn wir den anderen verstehen wollen, brauchen wir die Fähigkeit zum Perspektivenwechsel. Im Gespräch mit Kolleginnen und Eltern sollten Sie immer wieder innehalten und überlegen, wie die Sicht der Kollegin/der Eltern auf die Situation ist, und sie auch ganz konkret danach fragen.
Wenn wir die Bildungspartnerschaft mit den Eltern ernst nehmen, müssen wir Eltern fragen, ihnen zuhören und nicht einfach Ratschläge erteilen.

> VERSTEHEN IST DAS RESULTAT AUS DEM ZUSAMMENWIRKEN VON SPRECHEN, ZUHÖREN, AUSDRÜCKEN UND SEHEN.
>
> LINUS GEISLER

FRAGEN STELLEN

Fragen zu stellen, gehört zu den zentralen Techniken der Gesprächsführung. Eine gute Frage zeichnet sich unter anderem dadurch aus, dass sie klar und unmissverständlich formuliert und zum richtigen Zeitpunkt gestellt ist, das Gespräch weiterbringt und die Kommunikation fördert (vgl. Geisler 2002,94ff). Man unterscheidet zwei Arten von Fragen: die geschlossenen Fragen und die offenen Fragen.

Geschlossene Fragen: Die geschlossenen Fragen sind die strukturierten Fragen bzw. Entscheidungsfragen. Sie eignen sich besonders, um Entscheidungen herbeizuführen (ja oder nein), da sie die Antwortmöglichkeiten reduzieren, sowie zum Priorisieren und Bewerten (vgl. Kreggenfeld 2004, 146ff). Um Entscheidungsprozesse voranzutreiben, sind sie unter anderem am Ende eines Gespräches hilfreich.

Offene Fragen: Offene Fragen ermöglichen dem Gegenüber im Gespräch, z.B. den Eltern, ihre Sicht des Sachverhaltes zu schildern und das für sie Wichtige mitzuteilen.

- W-Fragen (Wann, was, wo, wer, wie?)
- Sondierungsfragen: Die Fragestellung ist eng umschrieben. „Wie ist die Situation für Ihren Sohn am frühen Morgen, wenn er sich von Ihnen verabschiedet?" „Was ist für Ihren Sohn wichtig, damit er gut in der Kita ankommen kann?"
- Konfrontationsfragen: „Sie sagen, dass Sie Schwierigkeiten haben, Grenzen bei Ihrem Sohn aufzuzeigen; sagen jedoch andererseits, dass Sie ihn ständig ermahnen aufzuräumen und dass Sie auch Verbote aussprechen?"
- Reflexionsfragen: „Für Sie ist die Essenszeit mit allen Kindern stressig?"
- Interpretationsfragen: „Wollen Sie damit sagen, dass ..."

Ungeeignete Fragen

Es gibt jedoch auch Fragestellungen, die nicht geeignet sind, die Verständigung zu befördern. Hierzu gehören:

- Suggestivfragen: „Sie sind doch auch der Meinung, dass Kinder am besten schon mit fünf Jahren eine Fremdsprache beherrschen?"
- Doppel-(Mehrfach-)fragen: „Haben Sie noch Fragen zum bevorstehenden Ausflug und sind Sie der Meinung, dass Ihre Tochter sich in der Projektgruppe wohl fühlt?"
- Überfallfragen: „Verbringen Sie auch genügend Zeit mit Ihrer Tochter?"

Fragen in einem Gespräch sind immer auf die konkrete Situation abzustimmen. Um sich auf „schwierige" Gespräche vorzubereiten und das anvisierte Ziel nicht aus den Augen zu verlieren, sollten Sie vorab mögliche Fragestellungen für sich vorformulieren.

Zuhören

Aktives Zuhören ist eine wesentliche Voraussetzung einer gelingenden Kommunikation. Beim Zuhören versuchen Sie, sich in die Lage Ihres Gegenübers zu versetzen, und bemühen sich, auf das einzugehen, was den Gesprächspartner bewegt (vgl.

Grothius 2000, 65ff). Durch Ihre Aufmerksamkeit und Präsenz signalisieren Sie: Ich nehme dich wahr. Ich interessiere mich für deine Anliegen. Aufmerksamkeit können Sie signalisieren durch Blickkontakt, Ihre Körperhaltung, Mimik, Gestik und kleine verbale Ermunterungen.

> DAS ECHTE GESPRÄCH BEDEUTET:
> AUS DEM ICH HERAUSTRETEN
> UND AN DIE TÜR DES DU KLOPFEN.
>
> ALBERT CAMUS

FEEDBACK GEBEN UND ICH-BOTSCHAFTEN FORMULIEREN

Während des Gesprächs sollten Sie immer wieder Rückmeldungen geben, wie Sie Ihr Gegenüber erleben und wie sein Verhalten auf Sie wirkt, und damit auch überprüfen, ob Sie den Gesprächspartner richtig verstanden haben. Für dieses Feedback empfehlen sich Ich-Botschaften (Gordon 2012, 127ff), die einem festgelegten Ablauf folgen.

Ich-Botschaften sind ein unverzichtbares Mittel einer konstruktiven Gesprächsführung. Bei Ich-Botschaften geht es darum, eigenes Erleben auszusprechen, kurz und konkret die Ursachen für dieses Erleben zu nennen und die Auswirkungen auf die Situation darzustellen (Gehm 2006, 122ff). Mit Ich-Botschaften werden Missverständnisse vermieden und die Gesprächspartner bleiben gleichberechtigt. Sätze wie etwa „Sie holen Lisa heute schon wieder zu spät ab“ oder „Sie sollten mit Hanna häufiger gemeinsam essen“ möchte kaum ein Elternteil hören. Sie signalisieren eine Hierarchie im Gespräch, rufen beim Gegenüber in der Regel eine Gegenreaktion hervor oder lassen das Gespräch schlimmstenfalls eskalieren. Formulieren Sie also besonders in schwierigen Gesprächen, wie sich die Situation aus Ihrer Sicht darstellt.

Ich-Botschaften

Ich habe beobachtet … Mir ist aufgefallen …	Beobachtung und keine Bewertung
Ich habe dabei gedacht … Ich habe dabei gefühlt …	Gefühle werden zum Ausdruck gebracht
Meine Reaktion war … Ich würde mir wünschen …	Vorbringen von Verbesserungswünschen

Nach Gehm (2006, 124), Rosenberg (2002, 21ff)

Mit Sprechpausen umgehen

Wenn während des Gesprächs Pausen entstehen, dient dies einerseits dazu, sich zu fokussieren oder neue Überlegungen zu formulieren. Pausen können das Gegenüber auch verunsichern, die Länge einer Pause wird von jedem anders empfunden. Untersuchungen haben gezeigt, dass eine Sprechpause über zwei Sekunden kaum mehr emotional toleriert wird (mitunter auch nicht von dem, der bislang sprach), so dass einer der Partner unter Sprechzwang vorzeitig die Pause beendet (Geisler 2002, 110ff). Gesprächspausen am Telefon, wenn sich die Gesprächspartner nicht sehen, werden in der Regel noch stärker empfunden und führen noch leichter zu Irritationen.

Reflexionsfragen

Die Wirkung von Gesprächspausen

- Was geht in mir vor, wenn eine Gesprächspause entsteht?
- Wann ist mir eine Pause im Gespräch unangenehm?
- Warum möchte ich eine Pause beenden?
- Wie gehe ich mit Sprechpausen um? Wie reagiere ich darauf? Spreche ich schnell weiter?
- Was erlebt mein Gegenüber, wenn eine Gesprächspause entsteht?
- Wann und warum beendet er / sie die Pause?

Gesprächsinhalte zusammenfassen

Am Ende von Gesprächen sollten die besprochenen Inhalte noch einmal zusammengefasst werden. Dabei kann überprüft werden, ob komplexe Sachverhalte richtig verstanden wurden. Die getroffenen Vereinbarungen werden bekräftigt und die Ergebnisse des Gesprächs festgehalten.

Erste Elterngespräche

In Bildungsplänen für den Elementarbereich wird die Bildungspartnerschaft mit den Eltern in den Mittelpunkt gerückt, ist doch die Familie die erste und prägendste Bildungsinstitution. Daher ist es für Sie als Erzieherin wichtig, sich um eine gute Kommunikation mit den Eltern zu bemühen. Gerade am Beginn der Berufslaufbahn ist es aber für viele junge Erzieherinnen noch eine Hürde, Elterngespräche zu führen und ihre professionelle Kompetenz dabei offensiv einzubringen, zumal dann, wenn die Eltern schon älter sind und über eine längere Lebenserfahrung verfügen.

Vorbereitung auf das Elterngespräch

Eine gezielte Vorbereitung in fachlicher und persönlicher Hinsicht ist eine wesentliche Voraussetzung für ein gelingendes Elterngespräch. In jedem Gespräch gibt es mehrere Komponenten, die Sie aktiv vorbereiten und gestalten können, um zu befriedigenden Ergebnissen zu kommen (vgl. Geissler 2002, 27ff).

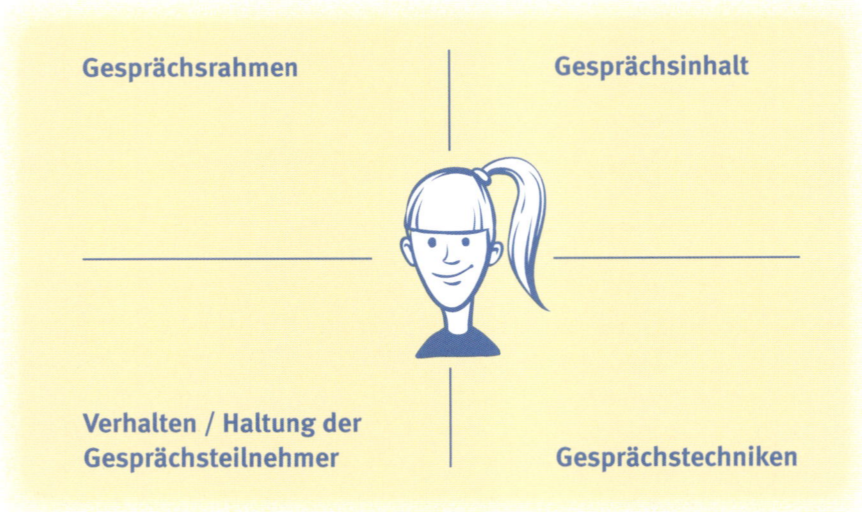

Einen entscheidenden Einfluss im Gespräch auf den Gesprächsverlauf und die Ergebnisse hat neben dem Gesprächsinhalt die nonverbale Kommunikation, wie Studien zur Wirkungsweise von Gesprächen nachgewiesen haben. Der Anteil der Körpersprache wirkt demnach mit etwa 55 Prozent, der Anteil der Stimme etwa zu 35 Prozent, die eigentliche inhaltliche Botschaft dagegen nur mit etwa 10 Prozent. Das bedeutet, dass die unausgesprochenen Bilder im Kopf, also sowohl Ihre Einstellung zu Ihrer eigenen Professionalität wie auch die Haltung, die Sie gegenüber den Eltern hegen, ganz entscheidend zum Gelingen oder Nicht-Gelingen eines Gesprächs beitragen. Mit den folgenden Reflexionsfragen können Sie vor Elterngesprächen kritisch überprüfen, welche Haltung Sie den Eltern und auch sich selbst gegenüber einnehmen oder ob (evtl. unbewusste) Zuschreibungen die Verständigung erschweren könnten.

> Was jemand DENKT, merkt man weniger
> an seinen Ansichten, als an seinem VERHALTEN.
>
> Isaac Bashevis Singer

Reflexionsfragen

Mein berufliches Selbstverständnis

- Wie sehe ich meine Professionalität?
- Glaube ich, dass ich zu jung bin für das Elterngespräch?
- Befürchte ich, dass die Eltern mich nicht ernst nehmen könnten? („Die Eltern haben doch viel mehr Erfahrung.“)
- Stecke ich manche Eltern in eine bestimmte „Schublade“ oder sehe ich gar ein „rotes Tuch“ in ihnen? („Ich weiß genau, was jetzt gleich wieder kommt.“ – „Die Eltern von XY verstehen aber auch gar nicht, was sie ihrem Kind vorenthalten. Warum setzen sie meine Ratschläge einfach nicht um?“
- Bewerte ich die Verhaltensweisen von Eltern („Dürfen Eltern ihre Kinder bereits im Krippenalter betreuen lassen? Gehören die Kinder nicht besser zur Mutter?“), bevor ich ihre Situation kenne?

Rahmenbedingungen

Klären Sie vor dem Gespräch die äußeren Rahmenbedingungen, wie z. B. Zeitpunkt und Ort:

- Wo findet das Gespräch statt (am besten in störungsfreier Atmosphäre)?
- Wie viel Zeit steht zur Verfügung? Achten Sie auf die Aufnahmekapazität Ihres Gegenübers! Das Gespräch sollte maximal eine Stunde dauern.
- Wie ist die Sitzordnung im Gespräch, über Eck oder gegenüber?
- Welche Informationen benötigen Sie zur Vorbereitung?

Zielformulierung

Nur wenn Sie Ihre Ziele klar formuliert haben, können Sie nach dem Gespräch auch überprüfen, ob Sie diese erreicht haben oder evtl. Verbesserungsbedarf besteht. Fragen Sie sich vor dem Gespräch:

- Was genau will ich in diesem Gespräch erreichen oder bewirken?
- Was genau will ich in Erfahrung bringen, lernen und herausfinden?
- Wo strebe ich konkrete Absprachen an?

Persönliche Einstimmung

Besonders bei den ersten Elterngesprächen ist es normal, nervös zu sein! Nehmen Sie sich unmittelbar vor dem Gespräch etwas Zeit, um sich auf die Begegnung einzustimmen. Gegen Nervosität helfen bewusste Atemübungen oder mentale Affirmationen. Aktivieren Sie eigene Ressourcen und stellen Sie einen guten Selbstkontakt her!

Insbesondere beim ersten Kontakt mit den Eltern kennen Sie diese und die Reaktionsweise Ihres Gegenübers noch nicht, insofern hat das erste Gespräch einen eigenen Charakter. Versuchen Sie sich daher einzustellen

- auf die Ausdrucksweise Ihres Gegenübers,
- auf mögliche Unsicherheiten oder anderen Emotionen Ihres Gegenübers,
- auf mögliche Abwehrhaltungen (vgl. Geisler 2002, 125ff).

Ablauf eines strukturierten Elterngesprächs

Das folgende Ablaufmodell dient dazu, sich sowohl auf ein strukturiertes Elterngespräch vorzubereiten, als auch Orientierung für den Gesprächsverlauf zu geben (vgl. Kreggenfeld 2004, 98ff).

Tipps zum strukturierten Gespräch

Fragen zur Vorbereitung

- Wie kann ich die Eltern empfangen?
- Welche Begrüßung wähle ich?
- Welche einleitenden Worte sind angemessen?
- Wie ist meine Haltung?

Beginn des Gesprächs — Ziel: Warm up und Transparenz

- Klären Sie mit dem Gesprächspartner:
- Worum geht es im Gespräch?
- Was ist das Ziel des Gesprächs?
- Wie viel Zeit steht zur Verfügung?

Hauptteil des Gesprächs — Ziel: Strukturieren, Optionen entwickeln, Vereinbarungen treffen

- Maxime: Den Standpunkt des Gesprächspartners erkennen und akzeptieren!
- Behalten Sie Thema, Ziel und auch die Zeit im Auge!
- Geben Sie im Gespräch Orientierung: Wo sind wir gerade? An welchem Punkt stehen wir jetzt?
- Halten Sie wichtige Teilergebnisse und Absprachen fest!
- Führen Sie zum Thema zurück, wenn das Gespräch sich auf andere Themen verlagert oder abschweift.
- Halten Sie Zwischenergebnisse fest, z. B.: „Wie können wir zusammenfassen, was wir bisher gesagt haben ... oder „Zusammengefasst heißt dies ....“
- Überprüfen Sie das gemeinsame Verständnis, z. B.: „Ich möchte sicherstellen, dass wir vom selben sprechen. Sie meinen also, dass ...“
- Entwickeln Sie Optionen und ergreifen Sie bei komplexen Themen nicht die erstbeste Lösung!
- Manchmal, besonders im Konfliktfall, möchte man ein Gespräch am liebsten abkürzen. Halten Sie die unterschiedlichen Sichtweisen schriftlich fest, treffen Sie Absprachen, suchen Sie Lösungen und vermeiden Sie Pseudolösungen!

Schlussphase **Ziel: Reflexion des Gesprächs**

- Maxime: Schließen Sie das Gespräch wertschätzend ab! Ein guter Ausstieg bietet gleichzeitig eine gute Basis für weitere Gesprächseröffnungen.
- Bin ich zufrieden mit den gefundenen Ergebnissen und dem Verlauf des Gespräches?
- Was könnte ich beim nächsten Mal noch verbessern?

Nachbereitung, Reflexion und Dokumentation des Gesprächs

Strukturierte Gespräche mit Eltern bedürfen der Übung. Nach jedem Gespräch gilt es, das eigene Verhalten im Gesprächsverlauf zu reflektieren und daraus Schlüsse für künftige Gespräche zu ziehen.

? Reflexionsfragen

Reflexion des Elterngesprächs

Im Allgemeinen:

- Was ist mir aufgefallen?
- Was ist mir gut gelungen?
- Was würde ich beim nächsten Mal anders machen? Mit welchem Ziel?

Im Besonderen:

- War der Gesprächsrahmen angemessen?
- Hatte ich ausreichend Zeit oder herrschte Zeitdruck?
- War es mir möglich, den Eltern mit Empathie zu begegnen?

- Konnte ich aktives Zuhören praktizieren? War ich präsent oder nur mit meinem Skript/meinen Vorstellungen beschäftigt?
- Berücksichtigte ich Fragetechniken? Welche?
- Ermunterte ich die Eltern, Fragen zu stellen?
- Habe ich Kommunikationsstörungen oder Überforderung vermieden?
- Habe ich auftretende Unsicherheiten/Emotionen bei meinem Gegenüber wahrgenommen?
- Wie war der Aufbau meines Gespräches?
- War es ein Dialog oder ein Monolog? Wie war die Redezeitverteilung?

GEHE NIE AUS EINEM GESPRÄCH, OHNE DEM ANDEREN DIE GELEGENHEIT ZU GEBEN, MIT DANKBARKEIT AN DIESES GEPRÄCH ZURÜCKZUDENKEN.

ADOLPH FREIHERR VON KNIGGE

Dokumentation des Gesprächs

Jedes Gespräch sollte dokumentiert werden, um die Inhalte und Ergebnisse auch für andere Kolleginnen nachvollziehbar und transparent zu machen. Wenn Sie sich bereits während des Gespräches Notizen machen wollen, dann kündigen Sie dies zu Beginn des Gesprächs gegenüber den Eltern an. Andernfalls könnt dies die Gesprächsatmosphäre stören oder Ihr Gegenüber verunsichern.

Dokumentation Elterngespräch

Teilnehmer/innen: ....

....

Name des Kindes: ....

Datum: ....

Gesprächsanlass: ....

....

Gesprächsinhalt: ....

....

Vereinbarungen Eltern:

....

....

Vereinbarungen Kita:

....

....

Konkrete Schritte (ggf. Zeitpunkt der Überprüfung):

....

Persönlicher Eindruck über den Gesprächsverlauf:

....

....

Ort, Datum, Unterschrift Erzieherin

Der Blick auf das Kind – jeden Tag aufs Neue

> Die **Aufgabe** der Umgebung ist nicht,
> das Kind zu formen,
> sondern ihm zu erlauben, sich zu **offenbaren**.
>
> Maria Montessori

Mit der bundesweiten Einführung von Bildungsplänen haben sich Kitas zu Einrichtungen mit einem klaren Bildungsauftrag gewandelt und Anforderungen an die Qualität der pädagogischen Arbeit werden allerorten diskutiert. Die Qualität in der frühkindlichen Erziehung, Bildung und Betreuung lässt sich zum einen festmachen an äußeren Rahmenbedingungen, wie etwa der Qualifikation der pädagogischen Fachkräfte, dem Personal-Kind-Schlüssel oder den räumlichen Voraussetzungen. Qualität hängt aber auch in hohem Maße von der Qualität der Interaktion und der Beziehungsgestaltung ab. Professionelles Handeln, das Lernprozesse von Kindern fördert und begleitet, zeigt sich in feinfühliger Resonanz und achtsam assistierender Interaktion. Kitas benötigen Fachkräfte, die sehen, verstehen und entwicklungsfördernd handeln. Je jünger ein Kind ist, desto unmittelbarer und angemessener muss die Reaktion auf seine Signale sein.

Besonders am Beginn Ihrer beruflichen Laufbahn ist es wichtig, sich über das eigene Bildungsverständnis klar zu werden und zu reflektieren, welche Haltung Ihrer pädagogischen Arbeit zugrunde liegt. Denn Ihr Bild von Kindheit und Familie, Ihr Bildungsverständnis oder etwa Ihre Einstellung zu Wertefragen wird Ihr pädagogisches Handeln maßgeblich prägen. Im Folgenden sollen daher einige zentrale Aspekte der Bildungsarbeit beleuchtet werden, die dem Kind ein gelingendes Aufwachsen in der Gemeinschaft ermöglichen und Relevanz für die Entwicklung Ihrer eigenen pädagogischen Professionalität besitzen.

Familienorientierung als Qualitätsmerkmal

Bedeutung der Familie für das Kind

Die Familie als erster Bildungsort in der frühen Kindheit hat, so belegen es Langzeitstudien, einen besonderen Einfluss auf die kindliche Entwicklung und auf den späteren Bildungserfolg. Doch die Familie selbst ist vielfältig geworden. Was heißt Familie heute? Familienformen haben sich bereits seit den 1970er Jahren stark gewandelt. Die Arbeitswelt hat erheblichen Einfluss auf das Familienleben und die Kommunikation in den Familien. Die Befragung von Kindern im Rahmen der World Vision Kinderstudie von 2010 belegt den deutlichen Wunsch der Kinder, Zeit mit den Eltern zu verbringen. Gemeint ist damit nicht „besonders viel Zeit“, sondern es geht um eine verlässliche regelmäßige Anwesenheit der Eltern (vgl. Bundesministerium für Familien, Senioren, Frauen und Jugend 2012, 70ff).
Familienorientierung, wie sie auch in einer fortschreitenden Öffnung für Kinder in den ersten Lebensjahren zum Ausdruck kommt, ist ein Merkmal der Qualität der frühkindlichen Bildung, Erziehung und Betreuung. Die Familie ist die „erste und grundlegendste Lebenswelt des Kindes“, sie bildet für die meisten Kinder den Rahmen, in dem sie die menschlichen Grunderfahrungen machen, wo sie Geborgenheit erleben und Hoffnung, aber auch Trennung und Angst. Welche Erfahrungen sie machen und wie sie sie machen, das ist prägend für die sozial-emotionale und kognitive Entwicklung der Kinder. Ohne Familien geht es nicht, wenn Kindertageseinrichtungen ihren gesetzlich verankerten Auftrag wahrnehmen, Eltern partnerschaftlich in der Bildung,

Erziehung und Betreuung ihrer Kinder zu unterstützen und zu begleiten. Die enge, wechselseitige Abstimmung der Bildungsorte Familie und Kita ist von grundlegender Bedeutung für ein gesundes Aufwachsen, darin sind sich wissenschaftliche Disziplinen und Trägerverbände einig. Familienorientierung bedeutet neben dem Informationsaustausch auch Familienberatung und Familienbildung.

In Ihrer Einrichtung haben Sie es nicht nur mit einem Familientypus zu tun. Jedes einzelne Kind bringt sein individuelles Naturell mit in die Kita, aber auch seine je eigene Familienkonstellation mit ihrer sozialen, kulturellen, sprachlichen, religiösen Prägung. Lebenswelten und Lebensstile sind äußerst vielfältig, und dies nicht nur im urbanen Raum.

? Reflexionsfragen

Mein Bild von Familie

- Welches Bild von Familie habe ich? Was macht „Familie“ aus und wer gehört dazu?
- Was ist mir für Familien wichtig?
- Welche Erwartungen habe ich an Familien?
- Wie gehe ich mit den Erwartungen an Familie heute um?

Angebote für Familien

Die Lebenswelten der Kinder zu kennen und ihre Eltern als wichtige Bildungspartner aktiv mit einzubeziehen, ist für Kitas von zunehmender Bedeutung. Schon bei der Eingewöhnung von Kindern in die Kita-Gruppe wird eine Begleitung durch die Eltern als äußerst wichtig erachtet. Aber auch jenseits der pädagogischen Arbeit mit den Kindern versuchen Kitas, Familien auf unterschiedlichste Weise zu unterstützen, angefangen vom Elterncafé bis hin zu unterschiedlichen Beratungsangeboten für Eltern in der Kita. „Haus für Kinder und Familien“, „Familienzentrum“ oder „Familienstützpunkt“, so heißen neue konzeptionelle Ausrichtungen. Eine konkrete Ausgestaltung der Familienorientierung geschieht immer auf der Grundlage der jeweiligen Bedürfnisse der Eltern vor Ort. Erfolgreiche Kindertageseinrichtungen sehen in einer intensiven Zusammenarbeit von Kita und Familie auch einen wichtigen Aspekt im Hinblick auf die Entwicklungschancen der Kinder. Familienorientierung ist deshalb zentrales Anliegen und wesentliches Element pädagogischer Qualität in Kindertageseinrichtungen. Auch Sie als Berufseinsteigerin tragen mit zu dieser Qualität bei und sollten daher Folgendes bedenken:

- Setzen Sie sich mit dem System Familie auseinander, beachten Sie die unterschiedlichen Milieus in der Kita und berücksichtigen Sie dies bei den Angeboten für Familien (vgl. Wippermann 2013, 29ff). Im Austausch mit den Eltern können Sie Ihr Wissen über die Entwicklungsprozesse der Kinder überprüfen und weitergeben. Ein wertschätzender Umgang sowie das Bemühen um eine gelingende Kommunikation bilden dabei den Referenzrahmen.
- Familienorientierung stärkt nicht nur den Beziehungsaufbau des Kindes zur Erzieherin und zu den anderen Kindern, sondern fördert die Anerkennung und Wertschätzung der Familie in der Kindertageseinrichtung und das Selbstbewusstsein der Kinder (vgl. Fthenakis 2014). Versuchen Sie daher, die unterschiedlichen Ansätze von Familienorientierung konzeptionell mit zu unterstützen.
- Im Bewusstsein, dass die gegenseitige Unterstützung und geteilte Verantwortung den herausfordernden Alltag der Familien erleichtert und Zugänge zu Ressourcen auch hinein in den Sozialraum ermöglicht, sollten Sie sich mit den verschiedenen Möglichkeiten auseinandersetzen, die Ihre Kita Familien anbieten kann.

DAS ERSTE, WAS DER MENSCH IN SEINEM LEBEN VORFINDET,
DAS LETZTE, WONACH ER DIE HAND AUSSTRECKT,
DAS KOSTBARSTE, DAS ER IM LEBEN BESITZT, IST DIE FAMILIE.

ADOLPH KOLPING

REFLEXIONSFRAGEN

Familienorientierung in unserer Kita

- Wo sehe ich meine Möglichkeiten zur Unterstützung?
- Wo sehe ich gerade als neue Fachkraft Handlungsbedarf?
- Wie können wir familienorientierte Ansätze in unserer Einrichtung entwickeln und umsetzen?
- Wodurch muss sich die professionelle Haltung der Mitarbeitenden in unserem Team auszeichnen?
- Wie kann die Vernetzung unserer Kita im sozialen und pastoralen Raum aussehen?

Ganzheitliche Bildung in der Kita

Mein Bild vom Kind

In unterschiedlichen Handlungsfeldern in Ihrer Ausbildung haben Sie sich mit dem veränderten Bild vom Kind auseinandergesetzt: Heute ist unbestritten:

- Kinder sind aktive Lerner und Gestalter ihrer Entwicklung.
- Die ersten sechs Jahre sind die lernintensivsten und entwicklungsreichsten und bilden die Grundlage für das lebenslange Lernen.
- Kinder haben Kompetenzen, sind kreativ und aktiv und momentzentriert (vgl. Fthenakis 2003).

Kinder werden als kompetent wahrgenommen, mit eigenen Ressourcen. Die neue Sicht auf das Kind ist nicht mehr defizitär, sondern ressourcenorientiert. Ko-Konstruktion bzw. Selbstbildung treten an die Stelle von ausschließlicher Wissensvermittlung. Selbstbestimmung und Beteiligung (Partizipation) werden wesentliche Gestaltungselemente auch in der Kita. Bindungserfahrungen und daraus resultierende Eingewöhnungsprozesse und eine entsprechende Beziehungsgestaltung sind wesentliche Grundlagen in der frühkindlichen Bildung, Erziehung und Betreuung.

Um auf die Bedürfnisse der Kinder eingehen zu können, müssen Sie als Fachkraft über aktuelles Wissen beispielsweise zu Bindungstheorien und Bindungsmustern verfügen. Die Begleitung und Förderung setzt dabei immer am einzelnen Kind, seinem Entwicklungsstand, seinen Fähigkeiten und seiner individuellen Geschichte an.

- Sie setzen sich mit den komplexen Anforderungen der frühkindlichen Bildung, Betreuung und Erziehung auseinander und haben dabei die Lebenswirklichkeit der Kinder mit ihren Familien im Blick.
- Sie agieren in und aus den konkreten Situationen mit den Kindern heraus. Verhaltensweisen werden von Ihnen beobachtet, interpretiert und zugeordnet, daraus folgen Ihre Reaktion und Aktion. Ihr pädagogisches Handeln geschieht nicht zufällig, sondern auf der Grundlage theoretischen Wissens und wachsender Erfahrung.
- Sie nehmen das Kind mit einem ressourcenorientierten Blick wahr und überprüfen Ihre eigene professionelle pädagogische Haltung.

WAS KINDER BETRIFFT,
BETRIFFT DIE MENSCHHEIT.

MARIA MONTESSORI

? REFLEXIONSFRAGEN

Mein Bild vom Kind

- Wie ist mein Blick auf das Kind?
- Wie bewerte ich Kindheit früher und heute? Was war für mich in meiner eigenen Kindheit wichtig?
- Was sind die Themen von Kindern? Welche Themen beschäftigen mich aktuell?
- Sehe ich die Reaktionen des Kindes (auch die nonverbalen)?
- Nehme ich seine Bedürfnisse wahr?
- Was will ich durch mein pädagogisches Handeln beim Kind erreichen?

Kindliches Lernen

„Forschergeist in Windeln“ lautete eine viel beachtete Veröffentlichung von Alison Gopnik (1999). Dieser Titel verweist auf ein geändertes Verständnis von Bildung und zeigt einen neuen Blick auf das kindliche Lernen. Das traditionelle Bildungsverständnis hatte einen klaren Auftrag an Erzieherinnen formuliert und ist inzwischen abgelöst (vgl. Mienert 2007). Während man früher von einer einseitigen, wenn auch spielerischen Wissensvermittlung vom Erwachsenen zum Kind ausging, liegt dem heutigen Bildungsverständnis die Annahme zugrunde, dass Kinder Konstrukteure ihrer eigenen Entwicklung sind. Erwachsene unterstützen das Kind dabei, sein Wissen von der Welt zu entwickeln, denn Bildung ist auch auf Bindung angewiesen. Im Bildungsprozess sind das Kind selbst, Gleichaltrige, die Begleitung durch den Erwachsenen und eine Lernumgebung mit Lernanlässen und Lerngelegenheiten wesentliche Faktoren (vgl. Mienert, 2007)

Bildung beginnt nicht erst in der Schule, lautet heute die Maxime, und es wird vielfach darüber diskutiert, was Kinder bereits in der Kita lernen sollten. „Fördern, bevor es zu spät ist“, titelte beispielsweise die Wochenzeitschrift „Die Zeit“ in einem Artikel vor einigen Jahren. Oft sind es die Ängste der Eltern, etwas bei ihrem Kind zu versäumen und ihm nicht genug Möglichkeiten zu bieten. Vielleicht treten Eltern mit Fragen wie diesen an Sie heran: Warum bieten Sie nicht auch noch spezielle Förderkurse an? Was lernen die Kinder, wenn sie einfach nur spielen? Was halten Sie von speziellen Trainingskursen für Kinder? – Diese Sorge wird Sie in Ihrem beruflichen Alltag begleiten. Um auf solche Fragen adäquat antworten zu können, ist es wichtig, dass Sie Klarheit über Ihr Bild vom Kind und Ihr eigenes Bildungsverständnis gewinnen.

Spielräume für die Bildungsbedürfnisse des Kindes

Die elementare Form des Lernens in der Kita ist das Spiel. Die Gruppe dient dabei als „simulativer Übergangsraum“ (vgl. Caroline Garland in Brandes 2008, 33ff). Kinder entscheiden, was und mit wem sie spielen; sie konstruieren sich dabei ihr „eigenes kollektives Netzwerk“ (vgl. Brandes 2008). Als pädagogische Fachkraft eröffnen Sie

Spielräume, die die Bildungsbedürfnisse des Kindes beantworten. Diese Bildungsbedürfnisse und -fähigkeiten des Kindes gilt es zu erkennen. Janusz Korczak formuliert es in seinem zweiten Recht des Kindes „Das Recht des Kindes auf den heutigen Tag". Dies beinhaltet, dass das Kind die Möglichkeit haben soll, über seine Zeit zu verfügen und sich an jedem neuen Tag auszuprobieren (Ungermann 2006, 375ff).

> UM DER ZUKUNFT WILLEN WIRD GERING GEACHTET,
> WAS ES (DAS KIND) HEUTE ERFREUT, TRAURIG MACHT, IN ERSTAUNEN VERSETZT,
> ÄRGERT UND INTERESSIERT. FÜR DIESES MORGEN,
> DAS ES WEDER VERSTEHT NOCH ZU VERSTEHEN BRAUCHT,
> BETRÜGT MAN ES UM VIELE LEBENSJAHRE.
>
> JANUSZ KORCZAK

Ein integratives Bildungsverständnis berücksichtigt unterschiedliche, der jeweiligen Entwicklung der Kinder angemessene, pädagogische Ansätze sowie den Zusammenhang von Persönlichkeitsentwicklung und Kompetenzerwerb (vgl. Die deutschen Bischöfe, 2008). Integratives Bildungsverständnis meint, dass Erzieherinnen in der Kita die verschiedenen Dimensionen, wie etwa Bewegung, Sprache, Mathematik, Kunst, Musik oder soziales Lernen in der Planung und Gestaltung von Lernsituationen verknüpfen.

Bildung betont die Eigenaktivität des Kindes und verweist auf die Abhängigkeit der Persönlichkeitsentwicklung des Kindes von seiner Umwelt. Bildung ist somit immer auch in soziale Prozesse eingebunden und auf eine anregungsreiche Umwelt angewiesen. Für eine hohe Bildungsqualität in Kitas berücksichtigen diese Lernen in Interaktion, Kooperation und Kommunikation. Es geht um das Miteinander und den Dialog und Austausch (vgl. Bayerisches Staatsministerium für Arbeit und Sozialordnung, Familie und Frauen [2]2012, 18).

Mein Bildungsverständnis

Reflexionsfragen

Mein Bildungsverständnis

- Wie stehe ich zum Thema Kita als Bildungseinrichtung?
- Wie ist das Bildungsverständnis in der Konzeption der Kita verankert?
- Wie sehe ich meine Rolle im Bildungsprozess für die Kinder?
- Was heißt für mich Lernen? Was ist für mich wichtig?
- Wie gehe ich mit individuellen Unterschieden der Kinder um?
- Wie viel Freiraum habe ich? Wo liegen eventuell Grenzen auch in der Kita?
- Kann ich mich auf die Themen der Kinder einlassen?
- Gebe ich dem individuellen Prozess des einzelnen Kindes ausreichend Raum?
- Halte ich es aus, dass Kinder „Fehler" machen und eigene Lösungswege gehen?
- Traue ich den Kindern zu, selbst Entscheidungen zu fällen?

Inklusion und Partizipation

Inklusion ist das Thema der Gegenwart, das unsere Zukunft in erheblichem Maße gestalten und mitbestimmen wird. Kaum ein Thema wurde im Bildungsbereich in den vergangenen Jahren so stark und kontrovers diskutiert wie das Thema Inklusion. Während es bei der Integration darum ging, Unterschiedlichkeiten in eine bestehende Umgebung einzugliedern, meint Inklusion viel grundlegender: Wie kann die Umgebung mit Unterschiedlichkeiten umgehen und diesen gerecht werden?
Der Inklusionsgedanke wird häufig verkürzt auf das Übereinkommen der Vereinten Nationen über die Rechte der Menschen mit Behinderungen. Im Artikel 24 haben die Vertragsstaaten, hat auch die Bundesrepublik Deutschland im Jahr 2009 das Recht von Menschen mit Behinderungen auf Bildung anerkannt und zugleich zugesichert, ein inklusives Bildungssystem auf allen Ebenen zu etablieren. Die Konvention formuliert jedoch keine Spezialrechte von Menschen mit Behinderung, sondern fordert die Umsetzung von allgemeinen Menschenrechten für alle Menschen mit und ohne

Behinderung. Inklusion beschränkt sich also nicht auf Teilhabe von behinderten Menschen, sondern es geht um eine grundsätzliche Wertschätzung und Anerkennung von Diversität (Unterschiedlichkeit).
Auch die UN-Kinderrechtskonvention legt in einzelnen Artikeln für Kinder einen Schutz vor Diskriminierung, das Recht auf Bildung und Gleichbehandlung fest. Kinder sollen Gelegenheit haben, über ihre Angelegenheiten zu bestimmen. Es geht also in beiden Konventionen um das Selbstbestimmungs- und Teilhaberecht aller Kinder (vgl. Hugoth 2012, 5ff).
Als wertebezogenen Rahmen für inklusive pädagogische Praxis formuliert Booth (2006, 11ff) die Schlüsselbegriffe Gleichheit, Rechte, Teilhabe, Respekt für Vielfalt, Gemeinschaft, Nachhaltigkeit, Gewaltfreiheit, Vertrauen, Ehrlichkeit, Mut, Freude, Mitgefühl, Liebe und Fürsorge, Optimismus und Hoffnung, Schönheit. Inklusive Pädagogik setzt einen Gesellschaftsbegriff voraus, der alle Menschen mit ihren individuellen Fähigkeiten unterstützt: „Es ist normal verschieden zu sein." Wir sind daher im Bildungsbereich besonders gefordert, ein Lernsetting zu etablieren, bei dem jedes Kind mit seinen Bedürfnissen berücksichtigt wird und jedes Kind zu seinem Recht kommt. Inklusion in der Kita zu verwirklichen, bedeutet alle Formen von Ausgrenzung zu reduzieren (Booth 2006, 15). Daher sollten Sie sich fragen, ob in der Kita bestimmte Gruppen ausgeschlossen werden oder ob tatsächlich eine Teilhabe aller möglich ist.
Die Vision einer inklusiven Gesellschaft ist, das jeder die Unterstützung und Förderung erhält, die er braucht, um sich bestmöglich zu entfalten und am gesellschaftlichen Leben teilhaben zu können. Inklusion setzt also Partizipationsmöglichkeiten voraus. Immer mehr Kitas nehmen diese Herausforderung an und entwickeln Ihre Konzeptionen qualitativ weiter.

Der Weg der **Inklusion** beginnt
beim Nachdenken über den eigenen **Standpunkt**.

Clemens Dannenbeck & Carmen Dorrance

REFLEXIONSFRAGEN

Inklusion und Beteiligungsmöglichkeit

- Was bedeutet für mich Teilhabe?
- Woran stelle ich fest, dass sich Kinder und Eltern willkommen fühlen?
- Wie gehe ich mit Einschränkungen und Unterschieden um?
- Stehen die Angebote der Kita allen Kindern zur Verfügung?
- Welche Anforderungen stellt Inklusion an mich als Fachkraft?
- Wie gehe ich mit unterschiedlichen Bedürfnissen um?
- Welche Anforderung stellt dies an mein pädagogisches Handeln?
- Was kann helfen, Barrieren für Teilhabe abzubauen?

Werteerziehung und Religion

Die Aneignung von Werten und die Entwicklung einer Kompetenz für werteorientiertes Handeln wird als wesentlich für die Persönlichkeitsentwicklung von Kindern erachtet (Hugoth/Bohlen o.J., 9). Auch in den Grundsätzen der Förderung von Tageseinrichtungen für Kinder nach dem Sozialgesetzbuch (§ 22 Abs 2 SB VIII) ist die Vermittlung orientierender Werte und Regeln formuliert und damit ein Teil des Förderauftrags von Kindertageseinrichtungen und Tagespflegestellen. Dieser Aspekt gewinnt in einer zunehmend multikulturell und multireligiös zusammengesetzten Gesellschaft an Bedeutung.

Fragen nach dem Sinn

Kinder kommen mit unterschiedlichen Fragen, Vorerfahrungen und Interessen zu Ihnen in die Kita. Die Kita bietet Kindern die Möglichkeit, sich mit Wissen auseinanderzusetzen, Gehörtes zu hinterfragen und so allmählich ihre Sicht auf die Welt herauszubilden. Wichtig sind dabei gerade jene Fragen nach dem Sinn, die sich auf einzelne Wirklichkeitsaspekte beziehen oder sich auf die Welt als Ganzes ausweiten können (vgl. Franke 2012, 22ff). Zur Bildungsarbeit von Kitas gehört es, alle Lebensbezüge, Erfahrungen, Interessen und Fragen der Kinder mit einzubeziehen (vgl. Verband katholischer Tageseinrichtungen für Kinder 2006). Kinder haben demnach ein Recht darauf, Bildungsangebote in Ethik, Religion und Philosophie zu erhalten. Zwar sind die genannten Bereiche gleichberechtigt und ähneln sich in ihrem grundsätzlichen Ausdruck des Fragens, des Bearbeitens von Themen und Entscheidungsalternativen oder der Umsetzung in konkretes Verhalten und Handeln (vgl. Franke/Hugoth 2012, 398ff), sie sind jedoch nicht austauschbar.

Das Recht des Kindes auf Religion

In vielen Bildungsplänen hat der Bereich Werte und Religion als eigenständiger Bildungsbereich Einzug gehalten. Das „Recht des Kindes auf Religion“ lautet ein Buchtitel von Friedrich Schweizer (2013), der sich auf das in der Allgemeinen Erklärung der Menschenrechte verankerte Recht bezieht. Eine ethisch-religiöse Bildung ist für die kindliche Entwicklung bedeutsam. Schweizer verweist auf die Unterstützung der kindlichen Vertrauensbildung, die Stärkung der Widerstandskräfte, die Werteentwicklung und Entwicklung der Ich-Stärke durch religiöse Bildung. Auch der Dialog mit anderen Religionen wird durch eine religiöse Sprachfähigkeit unterstützt.

> Darauf soll der Erzieher beständig hinarbeiten,
> dass das Kind in Hinsicht seiner Seele das Wahre kennen,
> das Gute lieben und tun,
> das Schöne schön finden und das Religiöse,
> das Göttliche erfassen lerne.
>
> Johann Baptist Hipp

Religiöse Bildung beginnt nicht erst, wenn ein Kind etwas verstehen kann, sondern dort, wo ein Kind sich geborgen fühlt und Vertrauen erfährt. Kindertageseinrichtungen als Lernorte des Glaubens haben nicht nur die konkrete Lebenssituation der Kinder im Blick, sondern beziehen den Beitrag von Religion als eine Strategie zur

Bewältigung von Lebensaufgaben mit ein. Religiöse Bildung stellt vielfältige Anforderungen an die Erzieherin. Es geht darum, Kinder in ihren Fragen zu begleiten, Begegnungsmöglichkeiten mit dem christlichen Glauben zu gestalten, Lernen in konkreten Erfahrungszusammenhängen zu ermöglichen, wie auch um das gemeinsame Suchen nach Antworten auf die großen Fragen. Eine methodisch-didaktische Auseinandersetzung ist notwendig, aber allein nicht ausreichend. Erzieherinnen sind in den Fragen des Glaubens gleichsam Lehrende und Lernende. Sie machen sich gemeinsam mit den Kindern auf den Weg, um nach Lösungen und Antworten auf Glaubensfragen zu suchen, und müssen dabei vielleicht auch eigene Einstellungen und Haltungen einer Überprüfung zu unterziehen. Sie helfen Kindern, in Fragen des Glaubens Gemeinsamkeiten zuzuordnen bzw. Unterschiede zu prüfen. Die Bereitschaft, sich den Fragen der Kinder zu stellen, sie in ihrem Suchen zu begleiten und in den Antworten Orientierungspunkte für das eigene Leben zu entdecken, fordert die Erzieherin in ihrer dialogischen und kommunikativen Kompetenz (vgl. Hugoth/Franke 2012, 398ff).

Bedingungslose Annahme

Werteerziehung und religiöse Bildung sind aufeinander bezogen. In der Werteerziehung geht es darum, dass das Kind die Kompetenz entwickelt, die Frage nach dem, was zu tun ist, beantworten kann. In der religiösen Bildung kommt es darauf an, ein Bewusstsein dafür auszubilden, dass der Mensch von Gott geliebt und zur Liebe berufen ist. Wenn Kinder mit der Zusage der Liebe Gottes vertraut gemacht werden, fördert dies das Grundvertrauen in das Leben. Das Besondere einer Verbindung von Werteerziehung und religiöser Bildung liegt in der Förderung der Kompetenz zu verantwortlichem Handeln im Kontext des Zuspruchs der Liebe Gottes (vgl. Bohlen/Hugoth, o. J., 12ff).

Jedes Kind ist von Gott als Ebenbild seiner selbst geschaffen und daher kommt jedem Kind ein unbedingter Wert zu. Aus dieser personalen Würde haben die Kinder ein Recht auf eine ganzheitliche Entwicklung. Durch die Botschaft der christlichen Religion erfahren die Kinder, dass jeder einzelne Mensch von Gott ohne Bedingun-

gen und Vorbehalte anerkannt wird. Vertrauensbildende Grunderfahrungen in Beziehungen wie Wertschätzung, Anerkennung, Angenommensein und eine Stärkung des Selbstbewusstseins sind wichtig und ermöglichen den Zugang zum Glauben. Diese positiven Erfahrungen, das Erleben von Geborgenheit, Optimismus und Zuversicht, stärken die Resilienz von Kindern, befördern den Aufbau sozialer Beziehungen und unterstützen die Entwicklung von Selbstwertgefühl und Gefühlsregulation.
In der Kindertageseinrichtung erfahren Kinder Vertrauen und Orientierung, sei es durch einen klar strukturierten Tagesverlauf, durch die Verlässlichkeit von Bezugspersonen oder auch durch gezielte unterstützende Erfahrungen und Rituale, wie beispielsweise die Feier des Namenstages, die dem Kind signalisiert: „Du bist einzigartig und willkommen!“

? REFLEXIONSFRAGEN

Mein persönlicher Wertehintergrund

- Welche Werte waren in meiner Kindheit wichtig?
- Worauf lege ich besonders Wert?
- Welche Werte bestimmen derzeit den Zeitgeist?
- Welche Werte sind wichtig für die Gemeinschaft?
- Welche Anforderung stellt Wertevermittlung an mich als pädagogische Fachkraft (Vorbild, Vereinbarungen, Transparenz in meinen Verhaltensweisen und Umgangsformen ...)
- Erleben die Kinder in der Kita ein „Werteklima“, eine gemeinschaftliche Haltung oder auch Diskrepanzen?
- Wo bin ich christlicher Religion in meinem Leben begegnet?
- Was war bzw. ist für mich beeindruckend?
- Gibt es für mich wichtige Wegbegleiter im Glauben?
- Welche Bedeutung hat für mich religiöse Bildung?
- Welche Themen bereiten mir Schwierigkeiten?
- Wie können Eltern in den Fragen von Werten und Religion begleitet werden?

Wertschätzung und Ressourcenorientierung

Der ressourcenorientierte Blick auf das Kind zieht sich als roter Faden durch dieses Kapitel. Die Stärken des einzelnen Kindes zu sehen und eine individuell abgestimmte Unterstützung für seine Entwicklung geben zu können, das ist die Anforderung an Ihr professionelles Handeln. Auch in Bezug auf Sie selbst sollten Sie gerade in Ihrer beruflichen „Start-Up-Phase" auf diese Ressourcenorientierung achten, Ihre Stärken in den Blick nehmen und nicht nur das, was noch besser gelingen müsste. Sehen Sie Ihren Entwicklungsbedarf in Wertschätzung Ihrer Kompetenzen, denn Ressourcenorientierung hört nicht beim Kind auf!

Zum Schluss

Man muss nicht **alles**
an einem Tage **fertig** haben wollen.

Teresa von Avila

Vielleicht konnten bei der Lektüre des Buches einige Ihrer Fragen beantwortet werden, die Sie beim Berufseinstieg beschäftigen, vielleicht haben sich neue Fragen ergeben. Vielleicht haben Sie sich in der einen oder anderen beschriebenen Situation wiederfinden können. Vielleicht haben Sie sich auch mal geärgert. Wenn Sie dennoch hartnäckig geblieben sind und bis zum Ende durchgehalten haben, möchte ich Ihnen zum Abschluss noch drei wichtige Dinge mit auf den Weg geben:

Bewerten Sie Ihre Einarbeitungszeit! Ziehen Sie Ihr persönliches Resümee! Hieraus ziehen Sie großen Nutzen auch im Hinblick auf künftige neue Kolleginnen oder im Hinblick auf Praktikanten, die Sie später einmal anleiten werden.
Bleiben Sie am Ball! Bewahren Sie Ihre Motivation trotz mancher „Achterbahnfahrt" in der Anfangszeit. Sie haben sicherlich keinen leichten, aber einen sinnerfüllten Beruf. Denn Sie gestalten die Zukunft der Kinder maßgeblich mit!
Mischen Sie sich ein! Beteiligen Sie sich an der qualitativen Weiterentwicklung der frühkindlichen Bildung, Erziehung und Betreuung. Es braucht engagierte Fachkräfte wie Sie!

Ich hoffe, dass Sie in diesem Buch Anregungen und Impulse gefunden haben, die Ihnen den Einstieg in Ihr Berufsleben erleichtern werden.

Abschließend möchte ich danken:

- meinem Mann für das Verständnis, wenn er wieder hörte: Im Moment habe ich keine Zeit, ich sitze an einem ganz interessanten Kapitel!
- für die Gespräche mit Studierenden, Praktikanten und vielen Kolleg/-innen aus Praxis und Wissenschaft und die damit verbundenen wertvollen Ideen und Rückmeldungen.
- Mahteb, Mehmet und Mohamed, die mit einem kulturellen und kulinarischen Rahmen die Idee des Buches beflügelt haben.

Quellen und weiterführende Literatur

Bayerisches Staatsministerium für Arbeit und Sozialordnung, Familie und Frauen (Hrsg.) ([2]2012): Der Bayerische Bildungs- und Erziehungsplan für Kinder in Tageseinrichtungen bis zur Einschulung. Cornelsen, Berlin/Düsseldorf

Bayerisches Staatsministerium für Arbeit und Soziales, Familie und Integration und Bayerisches Staatsmininisterium für Bildung und Kultus, Wissenschaft und Kunst (Hrsg.) (2014): Gemeinsam Verantwortung tragen. Bayerische Leitlinien für die Bildung und Erziehung von Kindern bis zum Ende der Grundschulzeit, München

Belbin, Meredith: Teamrollen. In: Rollen in Gruppe und Leitung. Modul 2, Kapitel 3, Lernwerkstatt GmbH, www.lernwerkstatt.ch (03.06.2014)

Booth, Tony (2006): „Wie sollen wir zusammen leben?" Inklusion als wertebezogener Rahmen für die pädagogische Praxis. Hrsg. vom GEW-Hauptvorstand, Frankfurt am Main

Brandes, Holger (2008): Selbstbildungsprozesse von und in Kindergruppen. Gruppenpsychotherapie und Gruppendynamik, Heft 1/2008, S. 33–51, Vandenhoeck & Ruprecht, Göttingen

Bundesministerium für Familien, Senioren, Frauen und Jugend (Hrsg.) (2012): Achter Familienbericht „Zeit für Familie. Familienzeitpolitik als Chance einer nachhaltigen Familienpolitik. Berlin

Decker, Franz (1998): Teamworking. Krick Medien, Würzburg

Dorrance, Carmen / Dannenbeck, Clemens (Hrsg.) (2013): Doing Inclusion. Inklusion in einer nicht-inklusiven Gesellschaft. Klinkhardt Verlag, Bad Heilbrunn

Fisher, Roger / Ury, William / Patton, Bruce (2000): Das Harvard-Konzept. Campus, Frankfurt am Main

Fleig, Jürgen (2013): Wie aus einer Gruppe ein Spitzenteam wird. www.business-wissen.de (11.05.2014)

Franke, Pia Theresia (2012): Die Kindertageseinrichtung als Lernort des Glaubens. Ein erster praktischer Zugang zu religionspädagogischen Themen. In: Leinhäupl, Andreas / Grote Bärbel: miteinander glauben (er)leben. Verlag Dom Buchhandlung, Osnabrück

Franke, Pia Theresia / Hugoth, Matthias (^{3}2012): Ethik, Religion und Philosophie. In: Gawlitzek, Ira u. a.: Kinder erziehen, bilden und betreuen, Cornelsen, Berlin, S. 398–424

Fthenakis, Wassilios E. (2000): Die Ausbildung von Erzieherinnen und Erziehern: Strategiekonzepte zur Weiterentwicklung von Ausbildungsqualität. www.fthenakis.de (Vortrag) (08.06.2013)

Fthenakis, Wassilios E. et al. (2003): Auf den Anfang kommt es an: Perspektiven für eine neuorientierte frühkindliche Bildung. Hrsg. vom BMBF, Bildungsforschung Band 16, Berlin

Fthenakis, Wassilios E. (Hrsg) (2003): Elementarpädagogik nach PISA – Wie aus Kindertagesstätten Bildungseinrichtungen werden können. Herder, Freiburg/Basel/Wien

Fthenakis, Wassilios E. (2014): Bildungspartnerschaft zwischen Familie und Bildungsinstitutionen. www.didacta.de (10.05.2014)

Fürstaller, Maria / Funder Antonie / Datler, Wilfried (2011): Über Kriterien gelungener Eingewöhnung in die Kinderkrippe. In: frühe Kindheit, Ausgabe 1/2011. www.liga-kind.de (12.4.2014)

Gaupp, Nora (2013): Entstehungsbedingungen von Übergängen von der Schule in den Beruf aus qualitativer und quantitativer Perspektive. Forum Qualitative Sozialforschung / Forum: Qualitative Social Research, 14(2), Art. 12 (http://nbn-resolving.de/urn:nbn:de:0114-fqs1302126)

Gehm, Theo (^{4}2006): Kommunikation im Beruf. Hintergründe, Hilfen, Strategien. Beltz, Weinheim und Basel

Geisler, Linus (^{4}2002): Arzt und Patient – Begegnung im Gespräch. pmi-Verlag, Frankfurt/M.

Gordon, Thomas (2012): Familienkonferenz, Heyne Verlag, München

Grothius, Ron (2000): Soziale und kommunikative Kompetenzen. Verlag Hans Huber, Bern

Hugoth, Matthias (2008): Religion im Kindergarten. Begleitung und Unterstützung für Erzieher/innen. Kösel/Random House, München

Hugoth, Matthias / Bohlen, Stephanie (o. J.): Werteerziehung von Kindern – Konsequenzen für Eltern und für Erzieherinnen in Kindertageseinrichtungen. Grundlagenpapier (Projektergebnis). www.lvkita.de (02.05.2014)

König, Anke (2010): Interaktion als didaktisches Prinzip – Bildungsprozesse bewusst begleiten und gestalten. Bildungsverlag Eins, Köln

Kreggenfeld, Udo ([2]2004): Direkt im Dialog – professionelle Gesprächsführung im Unternehmen, Edition Neuland, Bonn

Lamberti, Maria-Anne/ Sommerfeld, Verena (2003): Strategische Personalentwicklung. Wie Kindergärten TOP werden, Beltz, Weinheim

Mabey, Christopher / Caird, Sally (1999): Building Team Effectiveness, Open University, Milton Keynes

Mienert, Malte (2007). Darum einen Bildungsplan! In: Braun, Ulrich / Mienert; Malte / Müller, Stephanie / Vorholz, Heidi (Hrsg.), Frühkindliche Bildung im Team gestalten und umsetzen – Konzepte, Praxisbeispiele, Materialien. Raabe, Berlin/Stuttgart. www.mamic.de (25.11.2010)

Nückles, Matthias u. a. (2010): Selbstreguliert lernen durch Schreiben von Lerntagebüchern. In: Gläser-Zikuda, Michaela (Hrsg.): Lerntagebuch & Portfolio aus empirischer Sicht, Verlag Empirische Pädagogik, Landau

Pesch, Ludger / Sommerfeld, Verena (2008): Teamentwicklung. Beltz, Weinheim

Pfreundner, Michael (2014): Die kollegiale Beratung. In: Kindergarten heute – Das Leitungsheft, Ausgabe 1/2014, S. 23–27

Reidel, René / Rabenstein, Reinhold (2001): Kreativ beraten, Ökotopia Verlag, Münster

Rosenberg, Marshall B. (2002): Gewaltfreie Kommunikation, Junfermann, Paderborn

Schein, Edgar H. (2003): Organisationskultur. The Ed Schein Corporate Culture Survival Guide, EHP, Bergisch Gladbach

Schelle, Regina (2011): Die Bedeutung der Fachkraft im frühkindlichen Bildungsprozess. Weiterbildungsinitiative Frühpädagogische Fachkräfte. WiFF-Expertisen, Band 18, München

Schulz von Thun, Friedemann (2013): Miteinander reden 1, Rowohlt EPUB, Reinbek

Schweizer, Friedrich (2013): Das Recht des Kindes auf Religion. Gütersloher Verlagshaus, Gütersloh

Schwer, Christina / Solzbacher, Claudia (Hrsg.) (2014): Professionelle pädagogische Haltung. Klinkhardt Verlag, Bad Heilbrunn

Der Senator für Finanzen, Abteilung Personal- und Verwaltungsmanagement (Hrsg.) (2004): Leitfaden zur erfolgreichen Einarbeitung neuer Mitarbeiterinnen und Mitarbeiter. Bremen

Tietze, Kim-Oliver (2010): Kollegiale Beratung. Problemlösungen gemeinsam entwickeln. Rowohlt EPUB, Reinbek

Tuckmann, Bruce (1965): Developmental sequence in small groups, Psychological bulletin, 63

Universität Bremen (Hrsg.) (2010): Leitfaden Berufseinstiegsphase, Elementarpädagogik B. A. der Universität Bremen, Bremen

Ungermann, Silvia (2006): Die Pädagogik Janusz Korczaks, Gütersloher Verlagshaus, Gütersloh

Verband katholischer Tageseinrichtungen für Kinder (KTK) (2006): Religiöse Erziehung als Bildung begreifen. Ein Argumentationspapier, Freiburg. www.ktk-bundesverband.de (22.02.2010)

Verband katholischer Kindertageseinrichtungen Bayern (Hrsg.) (2014): Kleinstkinder in Achtsamkeit begleiten, München

Wehr, Silke / Ertel, Helmut (Hrsg.) (2008): Lernprozesse fördern an der Hochschule, Haupt, Bern

Wiesner, Felix (2007): Das Onboarding neuer Mitarbeiter, in: Teuber, Stephan / Scramek, Sabine (2007): Onboarding, Loquenz Unternehmensberatung GmbH. www.loquenz.de (04.10.2014)

Wippermann, Carsten (2013): Vielfalt der Milieus in unseren Kitas: Risiko oder Chance? In: Verband Katholischer Kindertageseinrichtungen Bayern / Sozialdienst Katholischer Frauen SKF (Hrsg.): Die Kleinsten trifft es am stärksten, Tagungsdokumentation „Kinderarmut in Familien“, München

Zentrum für schulpraktische Lehrerausbildung für Lehrämter an Schulen, Engelskirchen (zfsl) (Hrsg.) (2012): Kollegiale Beratung. Seminarunterlagen. In: www.zfsl-engelskirchen.nrw.de (07.07.2014)

Nützliche Internetquellen

www.erzieherin.de
www.kath-kita-bayern.de
www.ifp-bayern.de
www.nifbe.de
www.beki-qualitaet.de
www.fibs.eu
www.weltwerkstatt.de
www.spi.nrw.de
www.gaimh.de

Wichtige Fachzeitschriften

- Klein und Groß
- TPS Theorie und Praxis der Sozialpädagogik. Leben, Lernen und Arbeiten in der Kita
- Betrifft Kinder
- Kindergarten heute
- Basiswissen kita
- Kita aktuell
- Kita aktuell Recht
- Unsere Kinder
- Welt des Kindes

Die Autorin

Pia Theresia Franke, Sozial-Päd. (FH) und Personalentwicklung M.A., hat langjährige Erfahrung in der Aus- und Weiterbildung von pädagogischen Fachkräften, ist Lehrbeauftragte an der Katholischen Stiftungsfachhochschule München im berufsbegleitenden Studiengang „Bildung und Erziehung im Kindesalter" und ist tätig als Geschäftsführerin und fachliche Leitung des Verbandes katholischer Kindertageseinrichtungen Bayern.

Ich bin gerne Erzieherin!

In diesem wundervollen Lesebuch erzählen ErzieherInnen von den Glücksmomenten, die sie wie ein Talisman durch ihre anspruchsvolle Aufgabe hindurchgetragen haben, über den Wechsel von der Gruppenleitung zur Leitung bis hin zum Älterwerden und der Ernte des Berufslebens. Ergänzt werden diese Mut machenden autobiografischen Schätze durch Fotos und inspirierende Texte bekannter PädagogInnen. Ein wertvolles Geschenk für KollegInnen, PraktikantInnen oder einfach für sich selbst.

144 Seiten, gebunden,
Farbfotos, mit Lesebändchen
ISBN 978-3-7698-2097-3

www.donbosco-medien.de

Für einen erfolgreichen Kita-Alltag

Bei der Kommunikation bevorzugt jeder Mensch andere Sinneskanäle. Der eine ist ein visueller Kommunikationstyp, der andere ein auditiver, der dritte ein kinästhetischer. Wenn Ihre Botschaften die Wellenlänge Ihres Gegenübers treffen, gelingt ein offener Austausch und Sie vermitteln Kompetenz und Klarheit. Probieren Sie die Übungen dieses Buchs und freuen Sie sich auf eine achtsame und angenehme Kommunikation mit Kindern, Eltern und KollegInnen.

112 Seiten, kartoniert, farbige Illustrationen
ISBN 978-3-7698-2020-1

Glück ist wie eine Sternschnuppe, es fällt uns einfach so zu: die Blüte, die sich genau dann entfaltet, wenn wir mit den Kindern im Garten sind, die süße Stärkung von einer aufmerksamen Kollegin, ein herzliches Lachen ... 34 inspirierende Fotokarten mit Zitaten, die den Blick auf das Glücklich-Machende im Kita-Alltag lenken. Eine Kraftquelle für uns selbst und ein aufmerksames Geschenk für KollegInnen.

34 Karten, Farbfotos, in farbiger Pappbox
EAN 426017951 355 8

DON BOSCO

LEBENDIG. KREATIV. PRAXISNAH.

Vom Stress in die Balance

Der Erwartungsdruck bei Kindern, Eltern und Trägern sowie die Fülle an Aufgaben und Terminen, aber auch Hektik und Lautstärke führen bei ErzieherInnen oft zu Überforderung bis hin zur Erschöpfung. Wie Sie Ihre persönlichen Ressourcen stärken und dem Stress begegnen können, zeigt Ihnen Gabriele Kubitschek mit vielen praktischen Tipps, Entspannungsübungen und Gute-Laune-Rezepten.

112 Seiten, kartoniert, S/W-Illustrationen
ISBN 978-3-7698-1916-8

Diese ansprechend gestalteten Anti-Stress-Karten sind eine Einladung, sich selbst Aufmerksamkeit zu schenken. Viele kleine Übungen für Körper, Geist und Seele, Entspannungstipps und gedankliche Impulse ermuntern Sie, zwischendurch „Atempausen" einzulegen, und helfen Ihnen, die eigenen Kräfte zu regenerieren und sich wieder in Balance zu bringen.

34 Karten, durchgehend farbige Illustrationen, in farbiger Pappbo
EAN 426017951 151 6

www.donbosco-medien.de

DON BOSCO

LEBENDIG. KREATIV. PRAXISNAH.